社会福祉の原理を学ぶ

杉山 博昭 著

時潮社

はじめに

　2021年度以降の社会福祉士養成校入学者を対象として、新たなカリキュラムが策定された。従来の「現代社会と福祉」は新「社会福祉の原理と政策」に改称され、教育すべき内容もいくらか変更された。今回の新カリキュラムは、「ソーシャルワーク」という語が科目名称に用いられたり、実習時間が増加したりするなど、ソーシャルワーク実践の学習に重きを置いたものといえる。

　一方で、座学で学ぶ科目の改正は、事前に予想されたほどの大幅な改正はなかった。社会福祉士にとって必要な知識とは何かということについて、おおむね共通認識が形成されてきたということかもしれない。

　だからといって、10年以上前の内容を漫然と繰り返して学んでいけばいいわけではない。この10年の間の社会の変貌は著しい。社会福祉の領域でも、子どもの貧困の深刻さが指摘されて、「子どもの貧困対策の推進に関する法律」が制定された。虐待が児童だけではなく高齢者や障害者にも及んでいることへの対応として、それぞれの虐待防止法が制定されるなど、激しく動いてきた。少子高齢化と人口減少はますます進み、2019年の出生数はついに90万人を下回ってしまった。

　こうしたなかで、新たに制定された法律を学ぶなど、情報を早くとらえて実践に反映していくことはもちろん大切である。同時に、社会福祉とは何か、なぜ社会福祉が必要とされるのか、という根本のところをしっかり理解しておくべきである。社会福祉の基盤を理解することなく法制度の知識だけ得ても、社会福祉を真に創り上げていくことはできない。

　そこで本書は、厚生労働省の示した、「社会福祉の原理と政策」の

「教育に含むべき事項」に準拠しつつ、社会福祉を学問として考えていく基盤を提供していくことに留意して作成した。社会福祉士を目指す者に必要な知識であるだけでなく、社会福祉に関心をもつすべての人に共通に必要な内容になっている。

　なお、本書の旧版にあたるのが『改訂版　現代福祉学概論』であるが、同書の第3章、第5章、第6章について、その基本的な記述を本書第2章、第5章、第6章、第7章第1節、第8章に収録している。

　本書を手にした方々が社会福祉への理解を深め、少子高齢化のなかで今後どのような社会福祉を築いていくべきか考察を深めることができることを願っている。

—— 目　次 ——

はじめに　3

第1章　社会福祉への視座

第1節　社会福祉とは何か ……………………………………12
（1）社会福祉の定義　12
（2）社会福祉をどう捉えるか　13

第2節　現代社会と社会福祉 ……………………………………16
（1）現代社会の特徴　16
（2）少子高齢化の進行と人口減少社会　18
（3）経済のひずみ　21

第3節　社会福祉を学ぶ視点 ……………………………………23
（1）思想と哲学　23
（2）社会の成り立ち　25
（3）社会の現実　26
（4）法律や制度　27
（5）個別的支援　28
（6）総合的な学び　29

第2章　社会福祉の歴史

第1節　日本の社会福祉の歴史 …………………………………32
（1）社会福祉の歴史を学ぶ視点　32
（2）前近代の救済　33
（3）慈善事業　34
（4）感化救済事業　37
（5）社会事業の成立　38
（6）昭和恐慌化の社会事業　41

（7）戦時下の社会事業　42

（8）敗戦後　45

（9）高度経済成長期　48

（10）1970年代の動き　50

（11）1980年代の動き　52

（12）1990年代の動き　54

（13）2000年代の動き　57

第2節　欧米の社会福祉の歴史 ……………………………………………59

（1）イギリス　59

（2）アメリカ　64

第3章　社会福祉の思想と理論

第1節　社会福祉の思想……………………………………………………70

（1）なぜ社会福祉が必要なのか　70

（2）人間の尊厳　71

（3）多様な思想　74

第2節　社会福祉の理論……………………………………………………77

（1）社会福祉の本質をめぐる問い　77

（2）新たなアプローチ　78

第3節　社会福祉の論点……………………………………………………81

（1）国家の役割　81

（2）公私関係　83

（3）選別主義と普遍主義　84

（4）保護と自立　85

（5）自己選択・自己決定　87

第4章　社会問題と社会構造

第1節　現代における社会問題 ……………………………………………92

（1）貧困の広がり　92

（2）失業　95

（3）孤立　97

（4）依存　99

（5）自殺（自死）　101

（6）虐待　102

（7）ホームレス　103

（8）偏見や差別　105

（9）社会的排除　106

第2節　社会問題の構造的背景……………………………………107
（1）社会問題の現実　107

（2）思想的な背景　110

第3節　福祉政策の動向　112
（1）地域包括ケアシステム　112

（2）地域共生社会　114

（3）多文化共生　114

（4）持続可能性　115

第5章　ニーズと資源

第1節　ニーズ………………………………………………………120
（1）ニーズとは何か　120

（2）ニーズの判定　122

（3）ニーズと福祉サービス　124

第2節　資　源………………………………………………………126
（1）資源とは何か　126

（2）把握方法　130

（3）開発方法　132

第6章　福祉政策の構成要素と過程

第1節　福祉政策の構成要素………………………………………138
（1）主体　138

（2）個人　139

（3）家族　140

（4）地域　142

（5）政府　144

（6）市場　145

第2節　福祉政策の手法 ……………………………………148

（1）福祉政策の実施　148

（2）福祉サービスの提供方式　151

第3節　政策決定過程 …………………………………………153

（1）集権と分権　153

（2）計画の立案　156

（3）課題の設定　157

（4）立案　157

（5）市民参加　158

（6）決定と実施　160

（7）評価　160

第7章　福祉サービスの供給と利用過程

第1節　福祉供給部門 ……………………………………166

（1）公的部分　166

（2）民間非営利部門　168

（3）民間営利部門　171

（4）インフォーマル部門　173

（5）部門間の調整・連携・協働　174

第2節　福祉サービス利用の課題 …………………………175

（1）スティグマ　175

（2）情報の非対称性　176

（3）受給資格　177

（4）福祉サービスと国籍　181

第8章　福祉政策と関連施策

第1節　所得保障‥‥‥‥‥‥‥‥‥‥‥‥‥‥‥‥‥‥‥‥‥‥‥‥184
　（1）所得保障の必要性　184
　（2）主な所得保障制度　185
第2節　生活保護‥‥‥‥‥‥‥‥‥‥‥‥‥‥‥‥‥‥‥‥‥‥‥186
　（1）生活保護制度の意義と概要　186
　（2）制度の課題　187
第3節　社会手当‥‥‥‥‥‥‥‥‥‥‥‥‥‥‥‥‥‥‥‥‥‥‥188
第4節　年　金‥‥‥‥‥‥‥‥‥‥‥‥‥‥‥‥‥‥‥‥‥‥‥‥189
　（1）年金制度の意義　189
　（2）制度の概要　190
第5節　保健医療‥‥‥‥‥‥‥‥‥‥‥‥‥‥‥‥‥‥‥‥‥‥‥193
　（1）医療保障の必要性　193
　（2）医療保険制度の体系　194
　（3）保健医療の課題　197
第6節　雇　用‥‥‥‥‥‥‥‥‥‥‥‥‥‥‥‥‥‥‥‥‥‥‥‥199
　（1）働く人への政策　199
　（2）雇用保険　201
　（3）労働者災害補償保険　202
　（4）就職の困難な人への支援　203
第7節　教　育‥‥‥‥‥‥‥‥‥‥‥‥‥‥‥‥‥‥‥‥‥‥‥‥206
　（1）教育と社会福祉　206
　（2）特別支援教育　207
　（3）福祉教育　208
　（4）スクールソーシャルワーク　210
第8節　住　宅‥‥‥‥‥‥‥‥‥‥‥‥‥‥‥‥‥‥‥‥‥‥‥‥211
　（1）福祉の場としての住宅　211
　（2）住宅政策　213
第9節　災　害‥‥‥‥‥‥‥‥‥‥‥‥‥‥‥‥‥‥‥‥‥‥‥‥215
　（1）災害の多発と社会福祉　215
　（2）災害救助と障害者・高齢者　216
　（3）災害後の支援　218
　（4）災害とボランティア　219

第 1 章

社会福祉への視座

第1節　社会福祉とは何か

（1）社会福祉の定義

　社会福祉とは何なのか。当たり前のように誰もが使っている用語であるが、自力で説明しようとすると、なかなか難しいのではないだろうか。

　仮に「要介護高齢者や障害者などの社会的に不利な立場の人への社会的な支援」と定義づけたとする。しかしその定義では、たとえば子育て支援はどうなるのか。すべての人が自分は子どもとして育てられる側であったし、成人すれば子育てを担う当事者になることがあるので、「不利な立場」というのとは違う。ならば、社会福祉のなかには含まれないのだろうか。

　あるいは、地域福祉といわれる領域がある。地域福祉は、特定の人に絞って支援するというより、地域全体が福祉の場になるように、住民が協力していくものである。地域福祉は社会福祉を考えるうえで、柱となってくるはずのものである。

　このように、個々の社会サービスについて、社会福祉なのか社会福祉ではないのか、確定することが難しい。また、「社会的な支援」というのであれば、個人的な善意によって近隣の高齢者の世話をするのは、社会福祉ではないのだろうか。

　社会福祉について、定義づけることは簡単ではない。それは第一に、社会福祉による支援を主に利用する人が、時代により変化してきた。第二次世界大戦後すぐの時代であれば、主に低所得者や、戦争孤児と呼ばれる戦争で親を失った子どもたちであった。しかし現在では、戦

争孤児の課題はなくなり、要介護高齢者への支援が大きな比重を占めている。

第二に、社会福祉による支援が想定する課題も変わってきた。障害者が就労することが少なかった時代には、障害者への就労支援は想定されなかった。しかし現在では、主要な課題である。精神障害者のかかえる生活課題について、かつては精神医療の問題とされていたが、現在は精神保健福祉士という、精神障害者への生活支援を専門とする国家資格が設定されているほど、社会福祉の中核的なことになった。

このように、社会福祉というものは時代により変貌していくために、時代を超えた定義をすることが容易ではない。しかし、社会福祉というものが実在して、私たちが生活していくうえで頼りにしていることはまちがいない。

（2）社会福祉をどう捉えるか

ならば、社会福祉とは何なのか。唯一の正しい答えがあるわけではなく、学ぶなかで自分なりに考えることではある。しかしそれでは、どういう内容を学べばいいのかわからないので、共通的にいえることを確認したい。私たちの生きる社会は、自己責任によって生活を営むことを原則としている。しかし、実際には、病気や事故など、自己責任だけで対応できない事態が発生する。その際、社会的な責任として、社会の側が支援することで解決を図ろうとする、そのためにあらかじめ、社会福祉に関連する法制度が整備され、施設や機関が整えられ、専門職が用意されて、個別的に支援が行われるのである。

なぜ自己責任で対応できないときに、社会的に支援すべきなのか。不運として放置してもいいのではないか、という考えがあるかもしれ

ない。しかし現代ではそうは考えない。個人に起きた問題であっても、社会全体で対応すべきという考え方をする。

それにはいくつかの理由があるだろう。1つの理由として、社会福祉を進めることで、社会的なコストはむしろ軽減されるということがある。個人で解決できない課題を放置すると、何らか社会の側にも不利益が生じる。たとえば、刑務所を出所した人への支援を怠ると、再犯につながって、かえって社会の負担が大きくなる。障害者の就労を支援すると、支援に費用を要したとしても、障害者がサービスを利用する側から税を負担する側になることが期待できる。

しかし、社会福祉は負担の大小というような損得の問題で成り立っているのではない。もっと大きいのは、「文化的な生活を営む権利は、すべての人に保障されるべき普遍的な人権である」という考え方が、社会の共通認識として受け入れられているからである。

日本国憲法の25条には「健康で文化的な最低限度の生活を営む権利を有する」と規定され、社会福祉が人権であるという根拠になってきた。けれども実際には、この憲法下で、かつて優生保護法が定められて障害者への強制不妊手術が行われたり、ハンセン病者への強制隔離がらい予防法で定められていたりするなど、人権侵害が続いた。性的少数者への偏見も根強かった。

次第に、ノーマライゼーションや社会的包摂の考え方が浸透するようになって、すべての人を社会の構成員として尊重しあう社会、多様性を尊重する社会を実現していくことが合意されるようになった。誰もが安心して生活できる社会、すべての人の人権が保障されている社会が望まれるのであるが、現実には低所得、疾病、要介護、依存症、多重債務、ひきこもりなどの生活課題が起きている。

そこで、支援の方策をたてて、課題の解決にあたっている。それに

は個別的支援が大切である。一方で、地域全体で向き合っていく地域福祉としての取り組みも欠かせない。法制度に欠陥があれば是正していくという、社会変革の努力も重要である。こうしたことを広く含めて社会福祉と称している。

　それには、社会福祉を実現していこうという考えが広く共有されていることが前提である。社会福祉のためには費用がかかるので、税金や社会保険料として強制的に徴集する。そのためには、「自分のお金を、自分と関係ない人の支援に使うことに賛成だ」という合意がなければならない。そうなると、合意していくための理念や思想が求められる。

　次に、生活課題解決のためには制度の整備が必要である。現在の社会では、もはや個人の善意だけで課題を広く解決することは不可能である。そこで、制度を整備して、社会全体の取り組みとして対応することが求められる。制度をつくっていくには、国や地方自治体において政策として社会福祉を重視していかなければならない。

　一方、どんなに制度がしっかりしていても、社会福祉施設や在宅サービスの職員が適切な仕事をしないと、生活課題が解決されたことにはならない。たとえば、ホームヘルパーが在宅の高齢者を支援する制度をつくっても、高齢者の自宅に出向いて支援するときに不適切な対応をしていたのでは、社会福祉が実現したとはいえない。個別の支援が十分になされなければならない。そのためには、社会福祉の現場で仕事をする人たちの質を高めることが大切である。そこで、社会福祉士や介護福祉士といった国家資格が設定されるなど、個々の従事者の質を高くする取り組みが進められてきた。

　整理すると社会福祉には、思想や理念を基盤として制度や政策がつくられ、実践していくという構造がある。社会福祉というものを把握

するには、それぞれについてしっかり理解することと、全体を捉える視点の双方をもって考えるべきなのである。

第2節　現代社会と社会福祉

（1）現代社会の特徴

　現代社会は、社会福祉を不可欠なものにしている。第二次世界大戦後、社会福祉の法制度の拡充が始まる。しかし当初は戦争で親を失った戦争孤児や、所得がなくて生活に非常に困窮した人のような特定の人が主な対象であった。社会福祉が国民全体にとって欠かせない存在とまではいえなかった。

　当時も、さまざまな生活課題はあったはずなのに、どう対応していたのであろうか。それは、地域社会の共同体による相互扶助があり、あるいは家族に問題解決能力があったためである。

　たとえば、子どもが産まれた場合、家族の構成員が多かったので家族だけでの子育てが成り立った。地域には子育ての経験者がたくさんいて、情報を得たり助けを求めることが可能であった。したがって、子育て支援を社会的に行う必要性は限られていた。

　しかし、高度経済成長を経て、日本は農業中心の社会から工業中心の社会に変わった。多くの人は農村ではなく、都市で生活するようになった。家族の人員は減少した。

　さらに現在では金融、情報、サービス業などが中心の社会になった。工業が主たる産業であったときには、熟練労働が求められて、労働者を企業が長期的に確保する必要があった。そのため、終身雇用と年功

序列型賃金が主流となった。企業と労働者の関係は家族的な親密さがあったので、各企業が労働者に対して福祉的役割を果たすという、企業福祉とも称される状況になった。

　しかし、マニュアルによって、熟練しなくてもある程度の働きができるような業務が多くなった。そこにグローバル化などの課題も加わり、終身雇用や年功序列型賃金が崩れてきて、非正規雇用が広がった。また、年齢よりも能力や業績を問う賃金システムに移行する動きがみられるようになった。

　一方、家族の形態が多人数で構成される大家族から、夫婦と子どもだけの核家族が一般的になった。現在では単身世帯も珍しくなくなってきている。

　都市は、出身地、職業、学歴、行動様式などが違う多様な人が集まっており、農漁村にみられる地域の相互扶助の機能は低い。核家族では家族の誰かが病気になるといった事態が発生した場合、家族内で対処する能力が十分ではない。こうして、地域や家族で対応できた生活課題が、できなくなってきたのである。

　消費社会、情報化社会など社会の発展のなかで、生活への意識も変わってくる。あらゆる領域で、分業化が進んだ。個人的に対応すべきであったことがらを、社会的な手段で対応するようになる。たとえば、かつては衣服を自分で縫って作っていた。それが、店で買うことが当たり前になってきた。今では、自分で作るよりも買うほうが、むしろ安価で入手できることが多いであろう。

　消費者としての立場が強まったのは、消費者の権利が確立するなど好ましい面もあった。しかし、個々の消費者が独立して消費行動をするなかで、地域でのつながりがなくても一応の生活は可能である。そのことは地域とのつながりに消極的な人を増やすことにもなり、通信販

売が定着していくことで、地元の商店との関係さえ希薄になってきた。

　パソコンやスマートフォンなどの普及で、日常的な情報がそれらを用いて入手できるようになって、人から情報を得る、人から学ぶという必要性が薄れることにもなる。

　「昔は親のめんどうは子どもが最期までみたのに、現代人はみなくなった」という非難を聞くことがあるが、それは社会の変化を直視しない誤った見方である。かつては今ほど長寿ではなかったので、「親のめんどうを子どもが最期まで」といっても、その期間はそれほど長期ではなかった。現在では、もし子どもが親の介護を担おうと思ったら、たとえば親が70歳で要介護になった場合、この先、十数年になることも予想される。

　「子ども」というとき、きょうだいの多かった時代、何人ものきょうだいで分担することも可能であったであろうが、現在では2人前後が普通である。一人っ子であればその1人だけで対応しないといけない。親のめんどうをみたくてもみることができなくなったし、無理にみるよりも社会的サービスを利用したほうが親自身もより高い生活水準で生活できるようになったのである。

（2）少子高齢化の進行と人口減少社会

　以上のような社会的変動と並行して、少子高齢化が進行した。平均寿命が延びる一方、出生数は伸び悩んだので、人口に占める高齢者の割合が大きくなっていった。高齢化することで、さまざまな問題が起きてきた。高齢化はもちろん、要介護、ひとり暮らし高齢者など、高齢者にかかわる多様な問題をもたらしている。長寿は、長い間の人類の渇望することであったはずだが、長寿にともなう課題も見えてきた。

図 1　日本の人口の推移

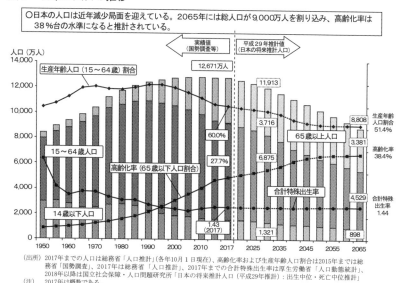

〇日本の人口は近年減少局面を迎えている。2065年には総人口が9,000万人を割り込み、高齢化率は38％台の水準になると推計されている。

（出所）2017年までの人口は総務省「人口推計」（各年10月1日現在）、高齢化率および生産年齢人口割合は2015年までは総務省「国勢調査」、2017年は総務省「人口推計」、2017年までの合計特殊出生率は厚生労働省「人口動態統計」、2018年以降は国立社会保障・人口問題研究所「日本の将来推計人口（平成29年推計）：出生中位・死亡中位推計」
（注）　2017年は概数である。

出所：『平成30年 厚生労働白書』資料編、p.5

　長生きすればするほど、生活費が必要になる。年金や貯蓄だけでは足りず、「老後破産」といわれる、高齢期に生活費が不足して困ってしまうという事態が発生している。

　年金や医療保険などの社会保障に要する費用も増大していく。社会保障制度の費用は、現役世代が税金や保険料として負担し、高齢者が給付を受け取る構造になっている。ところが、現役世代と高齢者とのバランスが崩れ、やがて1人の現役世代の人が1人の高齢者を支える「肩車社会」といわれる状況になっていく。

　要介護や病気も、避けられない課題になった。長寿になれば、どうしても人生の終盤で要介護になったり病気になったりする。長寿でなかった時代は、認知症やがんなどの病気は誰もが心配することではなかったが、現在では無縁と言い切れる人はいない。

少子化も深刻である。高齢者が増えても、同じだけ子どもも増えれば、全体の構成としては、あまり変化しないはずである。しかし、実際には少子化が進んだので、高齢化が促進された。少子化の指標としては、出生数と合計特殊出生率（1人の女性が出産可能な15〜49歳までに何人の子を産むかという数値）がある。年間の出生数はかつて200万人を超えたこともあったが、2019年には90万人を下回るまでに低下した。

　合計特殊出生率は、2.08を上回らないと人口が維持できないとされるが、1970年代後半に2.0を下回り、1989年には1.57にまで低下した。1989年は、1.57ショックといわれる。1966年は「ひのうえま」といわれ、迷信の影響で前後の年と比べ、極端に低下して1.58となった。その年をも下回ってしまった。

　1.57でさえショックだったのに、さらに低下し、ついに2005年には1.26にまで低下した。その後若干持ち直したが、低いレベルにあることに変わりはない。

　少子化の要因の一つは未婚社会になったということである。結婚するかどうかは、個人の自由な選択であるので未婚者が増えることを好ましくないように言うのは適切でない。しかし、未婚化は少子化をもたらすだけではない。未婚のまま高齢期をむかえた人は、高齢期において、手助けしてもらえる家族がいないということである。家庭という福祉機能を有する場をもたない人が広がっていることは否めない。

　少子化は、家庭や地域の子育ての力を弱めてしまい、子どもの成長を支えていく社会的な対応を欠かせなくした。たとえば、かつては小学校から帰宅した子どもたちの居場所があちこちにあったであろう。しかし、現在ではそうした居場所は限られるので、学童保育の必要性が高まっている。

　合計特殊出生率が2.0を大幅に下回り続けた結果、2008年からついに人口減少が始まった。人口が減るということは、働く人や消費する人が減るということでもある。したがって、経済が停滞していくことが予想される。これまでの人口を前提として設置された、道路や水道といった社会インフラが維持できなくなることも心配されている。地方では、「限界集落」と称される、今後の存続が危惧される集落も多数みられる。

　人口が減ることについて、「日本は狭い島国なのに人口が多すぎるので減ったほうがいい」「減っても生産性が上がれば、たいした問題ではない」といった議論があるが、そうなのだろうか。年齢構成が変化せず、徐々に減少するのならそうかもしれない。しかし、現実の人口減少は高齢化と同時進行であり、しかも急激である。変化に対応することが非常に難しく、想定以上に社会的な困難が起きる可能性が大きい。

（3）経済のひずみ

　経済政策のひずみも大きくなっている。わが国の経済政策は、高度経済成長を実現するなど、戦後しばらくは順当な成果を上げていた。しかし、1973年と79年、二度の石油危機に遭遇し、低成長時代に入った。1980年代後半には、いわゆるバブル経済がまき起こった。そして1991年になると、バブル崩壊と称される深刻な経済危機に見舞われた。一方、80年代から新自由主義＝市場至上主義のもと、規制緩和が進められていく。

　規制緩和とは何なのか。自由主義経済ではあっても、まるで自由放任にしているわけではない。過度な競争による弊害の防止、サービス

の安全性、衛生上の問題、水準の高いサービス提供の確保などのため、何らかの規制がかけられている。たとえばタクシーは、運転手に普通第2種免許が求められ、料金には認可が必要である。これは、まったく自由にすると、運転技術の低い者が運転したり、過剰に安い料金にして、それでも利益を上げるために運転手が長時間労働を強いられるなど、安全が損なわれる恐れがあるためである。

　こうした規制は、その業界への新規参入を難しくして、競争原理が働きにくくなるという弊害がある。また、時代の変化のなかで、かつて導入された規制が、もはや意味をなさなくなって、弊害だけが目に付く事例も指摘された。そこで、規制をなるべく緩和して、競争を活発にし、それで経済を活性化しようとしたのである。

　こうしたなかで、労働者についての規制も緩和された。それまで派遣社員などの就労形態には、何らかの規制がかけられていたのであるが、規制が緩やかなものになった。その結果、不安的な就労が広がることになった。

　高度経済成長以降、正社員による安定的な就労と企業による社員への福利厚生が、実質的に国民生活を支え、福祉的な機能も果たしてきた。しかし、不安定就労の人たちは、ただでさえ賃金が低いなど不利であるうえ、不景気になると職を失い、寮で生活をしていた場合などは住居を失ってたちまち困窮することとなった。

　ホームレスと呼ばれる人があちこちで見られるようになった。公園で起居しているような人へは支援策も進められたが、インターネットカフェなどの24時間営業の店舗で生活する人がいることが報告されている。こうした人たちも、経済政策の犠牲者という面がある。

第3節　社会福祉を学ぶ視点

（1）思想と哲学

　社会福祉を学ぶという場合、具体的にはどういう内容の学びをするのであろうか。社会福祉を学ぶということは、人間を学ぶことと社会全体を学ぶことでもある。

　まず必要なのは、まず社会福祉を支える思想を学ぶことである。社会福祉の思想は、ある時にいきなり生じたわけではない。古代社会や封建社会の時代は、人間は平等とはみなされず、当然のこととして身分間の格差があった。戦争が繰り返され、そこでは命の大切さといった発想は少なく、理不尽な殺戮がなされることも珍しくなかった。しかしやがて、人間は平等であること、人の命は何物にもかえがたい大切なものであることが認識されていく。

　何らか困窮した人を救うべきであるという考え方は、古くからみられるものである。しかしそれは主観的あるいは恣意的な救済にとどまるものであった。また、救済の主体は個人か、教会や寺院のような宗教組織にとどまるものであった。しかし、次第に社会全体による組織的救済が必要だと認識され、しかも救済は温情として与えられるものではなく、権利であると主張された。人はある水準の生活を営む権利を有し、社会の側はその権利を保障する義務があると考えられるようになったのである。

　さらに、その権利を明文化していくことが求められていく。そこで、1948年に国連総会で採択された世界人権宣言では、第25条で「すべて人は、衣食住、医療及び必要な社会的施設等により、自己及び家族の

健康及び福祉に十分な生活水準を保持する権利並びに失業、疾病、心身障害、配偶者の死亡、老齢その他不可抗力による生活不能の場合は、保障を受ける権利を有する」として、生活課題が起きたときの保障を人権として位置づけた。

　ただ、世界人権宣言は、法的拘束力をもつものではなかったので、1966年に「国際人権規約」が定められた。「国際人権規約」にはA規約・B規約があり、A規約といわれるのが正式には「経済的、社会的及び文化的権利に関する国際規約」と称し、第9条で「この規約の締約国は、社会保険その他の社会保障についてのすべての者の権利を認める」、第11条で「自己及びその家族のための相当な食糧、衣類及び住居を内容とする相当な生活水準についての並びに生活条件の不断の改善についてのすべての者の権利を認める」と規定するなど、社会福祉に関連する事項が含まれている。

　また、総論的に「生活の権利がある」と称してみても、一人ひとりの置かれた状況のなかで、さらにその権利を実質化していく努力が欠かせないことも明らかになってきた。たとえば障害者の場合である。車いすを使っている人に対して、「家から出るな」と誰も強要していない。しかし、家から出たいと思っても、公共の交通機関が使いづらかったり、行き先の建物が段差だらけだったりしたら、出ようにも出られないのである。そうなると、障害者に起こりうる状況を想定したうえで具体的な対応をしておかないと、障害者の権利保障を考えたことにはならない。

　こうした思想は、前近代からの歴史の積み重ねのなかで、深められてきた。したがって、権利の思想が発展していく歴史も視野に入れなければならない。その歴史には、戦争や差別など、誤った歩みもある。一方では困難を抱えた人を支援した先駆的な福祉実践もある。誤りも、

先駆的なすぐれた実践も、ともに学んでいくべきなのである。

（2）社会の成り立ち

　利用者をとりまく社会のあり方を知ることも、社会福祉を考える前提になる。生活課題をかかえてしまったのは、たまたま運が悪かったわけではない。

　たとえば、会社が倒産して失業するというのは、一見すると自分が勤めていた会社の倒産という私事に見える。しかし、そもそも会社という存在があり、しかもその会社は永続的とは限らず、経営に行き詰ることがある。その場合に、銀行取引が停止になったり、会社の側から民事再生法の申請をしたりする。それを「倒産」と一般には称している。

　倒産した場合、社員を解雇しても社会としては、やむを得ないものと考える。ただし、それでは解雇された人の生活が立ち行かなくなるので、あらかじめ雇用保険制度が整えられ、そうした事態に直面しても最低限の生活は可能なように準備している。こういう、経済の仕組みのなかで、生活課題も発生してくるのである。

　あるいは、社会には、男性と女性がいる。さらに、LGBT（lesbian, gay, bisexual, transgender）と呼ばれるような性的少数者もいる。男性と女性は、平等ではない現実があった。制度上も男性が優位とされる時代があって、その意識は今なお消えていない。男女の社会的役割は異なるという理解が長く続いたため、現在でも国会議員や大企業経営者などを見ると、女性は非常に少ない。個人レベルでも、ドメスティック・バイオレンス（DV）は男性から女性に加えられることが一般的であり、女性から男性というケースは皆無ではないが、かなり少

ないであろう。性犯罪も男性から女性に向けられるのが大部分である。

　それでは、男性は女性を犠牲にして気楽に暮らしているのかというと、そうとは限らない。強く生きることが強要されたり、長男であることを理由に家業を継ぐことが当然視されたりと、男性優位の社会では、実は男性も苦しむのである。このような社会のなかの性をめぐる構造を把握しなければ、離婚によるひとり親家庭の貧困とか、介護の負担を女性が押し付けられる問題などを理解することはできない。

　経済学によって、社会の基本である経済の働きや本質を知るべきであるし、社会学によって社会がどのように成り立ち、動いているのかを理解しておかなければならない。つまり、「社会福祉」というある限定された領域の学びだけでは不十分であり、社会福祉の関連する広い領域を学ぶことは、社会福祉を学ぶことでもある。

（3）社会の現実

　一方で、社会福祉の思想がめざす状態、すなわちすべての人の幸せが保障される状態と、現実の姿は大きく違っている。低所得層の存在、高齢者施設や保育所の不足、国民の間の経済格差、障害者への差別や排除、今後も続く少子高齢化や人口減少など、解決を要するさまざまな実態が存在する。

　そうした実態から目をそらすことなく、実態を把握しなければならない。社会の隅々にまで視野を広げて、現実に生じている姿を直視すべきである。そのためには『厚生労働白書』のような政府による刊行物や、公私の研究機関による調査、マスコミによる調査報道など、絶えず情報収集に努めなければならない。

　さらには、自ら現実を調査して実態を明らかにしていくことが望ま

れる。社会福祉士養成の科目に「社会福祉調査の基礎」があるのは、調査手法の修得が目的ではない。調査を通じて、現実が把握できるのである。自分で何らかの調査を行うことで、社会にどれだけ、ひずみや不公平があるのか、しっかり把握することができるであろう。

（4）法律や制度

　さまざまな問題が生じている実態に対して、今日の社会はまるで放置しているわけではない。解決するための取り組みもなされている。国では経済政策を通じて国民生活の安定を目指し、また個々の課題については何らかの対策をたてている。解決するための対策についても理解すべきであるし、単に理解するだけでなく、よりよくするための提言も考えていくべきであろう。

　社会福祉は、誰もが幸せな社会をめざしていくが、そういう願望を語るだけのものではない。少しでもそこへ近づけるための具体的に動いていくべきものである。

　動くというとき、一つは法律や制度をよりよくしていくことである。よりよくしていくためには、現行の法制度を正確に理解することが前提であろう。戦前にすでに、救護法、社会事業法などいくらかの法律は制定されていたが、はなはだ不十分であった。戦後まもない時期に、生活保護法、児童福祉法、身体障害者福祉法が制定されるなど、新たな法律の制定があった。高度経済成長期に、老人福祉法などの制定により、福祉六法と称される六つの法律が制定された。こうして必要に応じてさまざまな法律が制定されていった。現在では膨大といってよいくらい、多数の社会福祉関係の法律が存在している。

　これら法律が何を定めているのか、理解していくことが欠かせない。

全体の基本事項を定めた社会福祉法を土台とし、個々の分野別の法律がある。また、障害者基本法のような理念を定めた法律、介護保険法のようなサービス提供のシステムを主に定めた法律、「児童虐待の防止等に関する法律」のような特定の課題に対応するための法律など、個々の法律は性格も異なっている。

　同時に、たくさんの法律があるとはいえ、それだけで確実に生活課題に対処できるとは限らない。社会の変化や新たに発生する課題に法律が追いつけない現実もある。どのような法制度であれば望ましいのか、提言していくことが必要である。

　提言する場合に、その内容は現実性のあるものでなければ、意味がない。財源を無視すれば、バラ色の提言ができるであろうが、実際には財源なしに制度の運営はできない。したがって、財政についての学習は、社会福祉にとっても大切である。

（5）個別的支援

　現実に生活課題を抱えて今、苦しんでいる人については、支援をしてその困難を緩和・解決していくことが急務である。現実の生活課題は、一人ひとりの日々の生活のなかで発生する。生活課題に直面した人は、何とか解決・緩和しようと行動するであろう。しかし、複雑な現代社会の構造のなかでは、個人で解決策を見出すことには限界がある。

　そこで、解決への支援をするための行政機関や福祉機関、その他解決に力を貸してくれそうな場を活用することになる。そうした場には、一定の訓練と経験を経て、解決へ向けて専門性を活用して共に動く人がいる、その専門的な支援を用いて、解決に近づいていく、こうした

実践をソーシャルワークと呼んでおり、ソーシャルワークを実践する専門職をソーシャルワーカーという。

　社会には改善すべき生活課題が広がっている。そうした課題の根絶へ向けて社会を変革すべきではある。しかしそれには、時間がかかる。この瞬間にも生活課題を抱えている人は、苦しみ続けているのである。現に目の前で起きている一人の問題にしっかりと向き合って解決することこそ、社会福祉の使命であり、その使命を担うのがソーシャルワーカーである。

　ソーシャルワーカーは、課題解決という重要な職責が課せられている。職責を果たすには、価値・倫理、知識、技術において高度な能力が求められる。ソーシャルワーカーになろうとする者は、価値・倫理、知識、技術について十分な学習と訓練を積んでおかなければならない。その成果を確認したうえで国家が資格として定めたのが、社会福祉士という国家資格である。

　ソーシャルワークについては、すでに多くの実践事例が積み上げられている。こうした蓄積を踏まえて、日々生じていく生活困難に対応していく。実践の視点は社会福祉の基本である。

（6）総合的な学び

　実践のためには、利用者の心身の特性を理解するために医学や心理学の学習が不可欠である。人の健康や発達を支えていくのは、社会福祉だけではない。教育や看護なども同様の性格をもち、現在ではすぐれた理論や方法を有している。そこからも大いに学ぶべきであろう。

　社会福祉は人間の生活に丸ごとかかわっていくものである。したがって、人間に関することすべてについて学ばなければならないといっ

ても過言ではない。実際には一人の人間が学べることには限りがあるので、ある程度範囲を定めて、その範囲内に重点を置いて学ぶしかないのであるが、しかし視点としては社会福祉というものは、総合的な学習が必要だという認識をもって向き合うべきであろう。

　整理すると、社会福祉を学ぶということは、①思想や歴史、②経済や社会構造や経済など社会のあり方、③現実の社会の姿と、それを改善するために法制度、④生活困難をかかえた人を支援する実践、⑤これらを総合的に学ぶことになる。

　すべてについて詳細に学ぶことはできないであろうが、最低限の知識と関心をもちつつ、自分が特に関心や使命感をもった領域について、しっかり学びを深めることが大切であろう。

【参考文献】

圷洋一・金子充・室田信一（2016）『問いからはじめる社会福祉学—不安・不利・不信に挑む』有斐閣

稲沢公一・岩崎晋也（2019）『社会福祉をつかむ』有斐閣

岩崎晋也（2018）『福祉原理』有斐閣

木原活信（2014）『社会福祉と人権』ミネルヴァ書房

空閑浩人（2016）『ソーシャルワーク論』ミネルヴァ書房

第 2 章
社会福祉の歴史

第1節　日本の社会福祉の歴史

（1）社会福祉の歴史を学ぶ視点

　社会福祉を学ぶときに、その歴史を学ぶことへの疑問が出てくる。「古いことを知ったからといって、実践に役に立つのか」という疑問である。

　この疑問に対しては、「すぐれた実践を目指すからこそ、歴史を必ずしっかりと学ばなければならない」と答えたい。現在の社会福祉の制度、思想、技術などは、固定的なものではない。歴史の積み重ねのなかで形成され、現在にいたっている。これからも変化し、発展していくであろう。

　私たちが当然のように思っている、人権とかノーマライゼーションなどの考え方も、昔からあったわけではない。生命や人権を軽視することが繰り返されてきた。障害者に対して、子どもが生まれないように断種や中絶を強要していたこともその一つである。人権や社会正義の考え方を、私たちが自分自身の確信としてもつためには、過去にどのような誤りがあり、どのようにして克服してきたのか、その歩みを把握しておく必要がある。

　今は、高齢者施設や児童福祉施設が当たり前のように各地にあるが、始めからそうだったのではない。社会福祉というもの自体も、きわめて不十分な状況の時代があり、そこから新たな実践が始まって次第に広がった。そういうなかで苦労して実践を始めた人がいる。そうした実践がやがて評価され広がり、今にいたっている。

　歴史を謙虚に学ぶことによってこそ、人権の意義がわかり、なぜ社

会福祉実践が必要なのかが理解でき、みずからの実践にもつながってくるのである。

　歴史を学ぶというと、暗記するというイメージがあるかもしれない。確かに基本的な事項を覚えることは避けられないが、それはどんな領域の学習でも同じことである。歴史の学習は、対話すること、考えることである。過去に実践を切り開いた先人たちについて、彼らが残した著作や実践記録などを用いて対話する、過去の制度・政策についてなぜそのような制度・政策がつくられたのか考えていく。歴史の学習はそれ自体が実践であるといっても過言ではない。

　社会福祉の歴史といっても多様な側面がある。政策、思想、実践、施設など、また日本全国を見渡すだけでなく、自分が住んでいる街ではどのように社会福祉が発展したのかという、地域からの視点が必要である。

　こうした学習をするときには、当事者、利用者の視点が欠かせない。政策や実践が当事者にとってどういう意味をもったかを考えつつ、歴史をみていくべきであろう。

　歴史を把握するには通常、時期区分を行う。歴史には大きな転換点がある。本書でも一応の区分をして説明しているが、この区分が必ず正しいとは限らないので、これでよいのか、検討してみてほしい。

（2）前近代の救済

　近代以前の社会においても、窮乏や疾病に苦しむ人に対する救済は行われている。古くは、聖徳太子によって、四箇院（悲田院、療病院、施薬院、敬田院）が設立されたといわれているが、実在を疑問視する説もある。律令時代には僧、行基により布施屋による旅人の救済や土木事業が行われた。鎌倉時代には、叡尊、忍性による救済が著名である。

戦国時代には日本に入ってきたばかりのキリシタンによる活動がみられた。キリシタンは人間の人格的平等と兄弟愛的実践を重視するキリスト教的博愛によって医療や救済を行った。アルメーダによる病院や孤児院、ミゼルコルディア（慈善の組）による救済などが知られる。日本の文化のなかで、特異な存在であったが、迫害のために長続きしなかった。

　公的な救済として、律令時代の「戸令」に救済の規定がみられる。封建領主が、年貢の免除や災害への救助などを行っているケースがある。江戸時代には、都市の救済制度として、七分積金制度が設けられた。施設として、小石川養生所、人足寄場などが設置されている。

（3）慈善事業

　近代社会に移行したことで、身分制度などの封建的な仕組みは解消する。しかし、近代社会は自由が得られる反面、資本主義のもとでの失業や貧困がもたらされることでもあった。地租改正によって、農民の負担はかえって増大し、農民は小作人として不利な立場で農業を続けるか、あるいは農業を放棄し、農村を離れて移るのかの選択になる。しかし、都市に来たからといって、安定した職業が多くあるわけではない。多くの人々は困窮化し、下層社会を形成することになる。横山源之助『日本乃下層社会』は、そうした現実を描いた著作である。

　近代社会がもたらす生活困窮に対して、政府としても、1874年に恤救規則を制定する。しかし、それは貧困対策としてはきわめて不十分なものであった。救済の基本を「人民相互の情誼」においており、責任を国民の相互扶助に求めた。そのうえで、やむをえない場合に限り救済の対象とするものである。救済対象は限定されており、原則とし

て独身者であることを前提とし、70歳以上の高齢者、13歳以下の児童、障害者・病者とされている。

　当時から不十分さが認識されて、窮民救助法案などの改正案がたびたび提案、検討される。しかし、公的救済制度は怠け者をつくるという惰民観や、政府は国民の経済に介入すべきではないという自由放任主義のなかで、実現することはなかった。結局、1932年に救護法が実施されるまで、約60年間継続することになる。

　公的救済が不十分ななかで、国民の生活に対処したのは民間の慈善事業である。当初はキリスト教徒による実践に注目できるものが多い。キリスト教徒は隣人愛の精神を基調にし、海外の慈善事業の知見を積極的に生かしつつ、先駆的な実践を積み上げた。キリスト教徒による実践に触発され、仏教などさまざまな立場での実践もみられるようになる。

　個別の実践をみていくと、長崎では、明治初期にド・ロ神父によって病者の救護などの活動が行われた。ド・ロの同労者であった岩永マキにより1874年に、孤児や棄児を支援するために浦上養育院が設立された。

　1887年には石井十次により、岡山孤児院が設立された。濃尾大地震（1891年）や東北凶作の被災者の子どもを救済したことや、石井の無制限収容主義のもと、入所児童は一時、1,200名にも及んだ。岡山孤児院は宮崎の茶臼原への移転を試みた後に、石井の死後解散することになる。「非体罰主義」などを内容とした「岡山孤児院十二則」にみられる先駆的な理念、里親制度や小舎制の試みなど、今日の社会福祉につながる実践であった。

　石井亮一は、濃尾大地震に被災した女児を救済して孤女学院を開設したが、知的障害児への教育の必要を感じて、滝乃川学園へと発展させる。留岡幸助は、非行児童への支援の場として、家庭学校を創設し

た。名称からわかるように、非行を罰の対象とするのではなく、教育によって対応しようとしている。

　山室軍平を指導者とする救世軍は、貧困者の救済、病院、セツルメント、刑務所を出所した人の保護、労働者の保護など多様な活動を展開し、民間慈善事業をリードしていく。なかでも公娼廃止運動（廃娼運動）は、公娼制度と呼ばれる公認された売春の制度が、事実上は奴隷制度であったことから、廃止を求めた運動である。救世軍をはじめ、日本基督教婦人矯風会などキリスト教徒や女性らによって運動がすすめられた。人権獲得への運動の先駆である。

　そのほか、野口幽香らは、貧困な児童にこそ保育が必要だと考えて二葉幼稚園を設置し、保育所の先駆となった。岩田民次郎は大阪養老院を設立した。これら慈善事業は、公的な補助もないなか、創設者個人の労苦によって築かれていく。こうした先駆者による実践が、社会福祉の基礎を築いたのである。

　ほかに、公的な施設として東京養育院がある。ロシア皇太子の来日の際に、野宿している人を収容することからはじまった。病者、高齢者などさまざまな人が含まれており、社会から排除されている人たちの存在を示す場ともなった。

　公的救済は不十分であったが、1900年前後に個別の課題についての法律が相次いで制定されている。1900年に非行少年への対応として感化法が制定される。同法によって各地に感化院（現在の児童自立支援施設の前身）が設置される。1899年の北海道旧土人保護法はアイヌ人を対象とした法であるが、名称が示すようにアイヌ人への差別のなかで生まれた。この法はアイヌ文化振興法（アイヌ文化の振興並びにアイヌの伝統等に関する知識の普及及び啓発に関する法律）が制定される1997年まで続いた。1900年に精神病者監護法が制定されている。精神障害

者の自宅での監置を認めたもので、精神障害者に対し、隔離収容を中心とした政策が続くことになる。

（4）感化救済事業

　日露戦争によって日本の国際的地位が高まった。そして戦争に勝利したが賠償金を得ることができず、軍事費の急増もあり財政が厳しくなった。労働者の貧困化は社会主義の動きにつながっていく。政府は社会主義に対して、大逆事件にみられるように弾圧でのぞむ一方、国民の教化をすすめていく。そうした救済のあり方を感化救済事業と呼んでいる。「救貧」よりも「防貧」が大事だとされ、公的救済には消極的であった。井上友一の『救済制度要義』は官僚の考えを示した著作である。

　公的救済には消極的であり、1908年に恤救規則の引き締めがなされ、救済を受ける人員が大幅に減少した。ただ、軍事関係の救済は例外で、下士兵卒家族救助令、廃兵院法、軍事救護法が制定されている。

　公的救済には否定的な一方で、国民の生活の実態は厳しく、その対処には民間慈善事業の役割が期待された。1908年に、中央慈善協会が結成された。現在の全国社会福祉協議会の前身であり、雑誌『慈善』（現在の『月刊福祉』）を発行した。中央慈善協会は、慈善事業の組織化という積極面もあるが、内務省の官僚が主要な役員に加わるなど、内務省のコントロール下にある組織であった。初代の会長は財界人で、東京養育院の院長をつとめた渋沢栄一であるが、以後は内務省出身者が続いていく。

　1908年には感化救済事業講習会も開催され、全国の救済事業関係者を集めて、講習が行われた。専門職養成の先駆としての性格もあるが、

講師のなかに内務官僚がいるなど、内務省の意向を浸透させる役割も　あった。しかし、渡辺海旭が仏教徒社会事業研究会を組織して「共済」の考えを示したように、民間での自主的な動きもみられた。賀川豊彦は神戸のスラムであった新川と呼ばれる地域に入って活動する。その体験をもとにした小説『死線を越えて』はベストセラーとなった。賀川はさらに、労働運動、農民運動、生活協同組合運動など幅広く活躍していく。

　いくら政府が救済の責任から逃れようとしても、現実には貧困者の生活実態は厳しく、放置できない状況であった。特に医療は生命にかかわるだけに無視することもできず、1911年には恩賜財団済生会が設立された。貧困者への医療の提供を目的としたもので、天皇からの下賜金に資産家からの寄付金を加えて設立された。

　1907年に癩予防ニ関スル件が制定される。ハンセン病患者に対処するために療養所への入所を定めている。癩予防法へと改正され、当初は主に浮浪している患者が入所対象であったが、全患者をことごとく入所させる政策がとられる。戦後は、らい予防法に引き継がれ、1996年に廃止されるまで、ハンセン病患者に対して強制隔離を基本とする法が存在することとなる。

（5）社会事業の成立

　第一次世界大戦末期の1918年には米価の高騰のなか、米騒動が発生し国民生活の疲弊が明らかになった。第一次世界大戦時の好況は、戦後は一転して不況に転じ、さらに1923年には関東大震災が発生して、多大な被害がもたらされる。1927年には金融恐慌が発生し、銀行が次々に倒産する事態が発生した。河上肇は『貧乏物語』を書き、貧困の

実態を明らかにした。

1920年前後になると、社会運動が活発化する。労働運動、農民運動、婦人運動、日本共産党の結成、無産政党の活動などである。被差別部落の人々は全国水平社を結成して、みずから差別をなくすために立ち上がった。また、ロシアでの革命の成功は、それまで思想にすぎなかた社会主義を、現実の政治上の課題としたことで衝撃的であった。

政治的には、大正デモクラシーと呼ばれる、戦前においては民主的な時期になる。政友会と民政党の二大政党による政権交代が行われた。1925年には普通選挙法が制定されて、25歳以上の男子に選挙権が与えられている。ただし、施設の入所者や公的救済の利用者は選挙権の対象外である。

こうした動きのなかで、社会事業が成立する。社会事業は慈善事業と比べ、科学的、専門的であるとされる。行政は、それまでの公的救済に消極的な姿勢を改める。内務省は1917年に救護課を設置し、社会課、社会局、外局としての社会局と発展する。中央慈善協会が中央社会事業協会と改称し、機関誌も『慈善』から『社会と救済』を経て『社会事業』へと改題する。現在の『月刊福祉』の前身である。

社会事業の考えの背景は社会連帯思想である、社会の一部の問題は、全体にとっての問題であり、社会全体で取り組まなければならないと考えた。主な論者とその著作として、田子一民『社会事業』、生江孝之『社会事業綱要』、長谷川良信『社会事業とは何ぞや』、海野幸徳『社会事業学原理』などがある。

特に重視されたのは、経済保護事業と呼ばれる分野である。経済保護事業とは、公益質屋、公設市場など、防貧を目的とした事業である。経費が比較的かからないうえ、制度の権利性が議論される性格の事業ではないことが、重視された理由である。

社会事業の発展のなかで施設も増加する。なかでもセツルメントは、新たな展開をみせる。主なセツルメントとして、長谷川良信のマハナヤ学園、志賀志那人の大阪北市民館、学生を中心とする東京帝国大学セツルメントなどがある。大林宗嗣は『セッツルメントの研究』により、セツルメント理論を体系化した。しかし、セツルメントには「隣保事業」という語があてられ、個人の自立や社会改良よりも、日本的な隣保相扶に立脚した事業として広がっていく。

　現在の民生委員制度の前身にあたる方面委員制度が創設される。方面委員制度とは、地域に篤志家の委員をおき、生活困難者を把握し、住民の相談などに対応するものである。1917年に岡山県で、笠井信一知事のもとで、済世顧問制度が創設されたのが先駆である。翌年には大阪府で方面委員制度が創設された。林市蔵知事のもと、小河滋次郎の協力で、ドイツのエルバーフェルト制度を参考にして立案した。方面委員制度は全国に広がる。はじめは「奉仕委員」など名称が県によって異なるなど、地方ごとに相違がみられた。1936年に方面委員令が制定されることで全国一律の制度となり、戦後は民生委員制度へと継承されていく。

　専門性への関心が高まり、アメリカで発展をみせていたケースワークが日本にも紹介された。東洋大学、日本女子大学校など一部の大学・専門学校では社会事業専門教育が開始された。聖路加国際病院では浅賀ふさにより、医療ソーシャルワークの先駆的な実践がなされた。やがて、竹内愛二『ケース・ウォークの理論と実際』によって体系化される。しかし、慈恵的な発想の強い風土や不十分な社会事業制度のもとでは、専門性の発展には限界があった。

　このようしにて、社会事業が大きく発展するのではあるが、救規則の改正が遅れ、失業保険制度は制定されないなど、国民全体の生活保

障の制度は不十分なままであった。

（6）昭和恐慌下の社会事業

　1929年の世界恐慌は日本に大きな影響を与え、昭和恐慌と呼ばれる深刻な経済危機をむかえた。特に深刻なのは農村である。農村では農産物価格の下落などにより、窮乏化した。農家は多額の債務をかかえるようになる。学校に弁当を持参できない欠食児童や、娘を売春婦とする身売りが頻発した。政府は、農山漁村経済更生計画によって対応するが、農民に自助を強要するものでしかなかった。農村社会事業が重視され、農繁期託児所など農村の実態に対応した社会事業が推進される。しかし、疾病が広がっているのに医療は不足するなど農村の課題が解決されることはなかった。やがて、満州に開拓農民として移住する試みがなされるようになるが、それは中国人の犠牲のうえになされたことである。

　長く恤救規則が続いていたが改正の機運が高まり、1929年に救護法が制定された。しかし、制定時の田中義一政友会内閣から、浜口雄幸民政党内閣へと政権が交代した。浜口内閣は金解禁（金本位制に復帰し、金輸出の禁止を解く）をめざして緊縮財政をとったことから、救護法の実施が見送られた。

　しかし、当時は世界恐慌によって国民の窮乏がすすんでおり、その実態を熟知しているのが方面委員であった。方面委員らが救護法の早急な実施を求め、救護法実施促進運動を展開した。運動はなかなか効果なく、ついに天皇に上奏するに及び、1932年から実施されることとなった。

　救護法は、対象を65歳以上の老衰者、13歳以下の幼者、妊産婦、障

害者・病者とした。保護の内容は生活扶助、医療、助産、生業扶助である。在宅救済を原則としつつも、孤児院や養老院を救護施設として、施設への委託を可能とした。市町村長に救護義務を課しているが、被救護者の権利性は否定された。

　救護法実施後も課題として残ったのは、母子家庭への支援である。母子家庭は一般の家庭と比べても困窮が著しく、母子心中といった悲劇も起きていた。そこで、1920年代後半より、母子扶助法制定運動が起きていた。ようやく1937年に母子保護法が制定された。

　ほかに、1933年には児童虐待防止法、少年教護法が制定されている。この二つの法律は、戦後の児童福祉法につながっていく。

　施設の増加がすすんだこともあり、社会事業の組織化によって社会への働きかけを強めようとする。全日本私設社会事業連盟、全日本方面委員連盟、全国育児事業協会、全国養老事業協会などであり、大会の開催や機関紙の発行などの活動を行う。

　救護法によって、公的救済の体制は前進し、施設などの実践も活発になされ、生活苦に対して、社会事業が一定の役割を果たした。しかし、ファシズムの流れは社会事業にも及び、社会事業のもつ人道主義的な発想が後退していく。

（7）戦時下の社会事業

　1937年7月の盧溝橋事件を契機として日中戦争が本格化する。国民には当初、戦闘は一時的なものと説明されていたが、政府は軍の暴走を抑えることができず、長期化していく。1941年12月にはさらに、アメリカ・イギリスなどとの戦争に突入していく。米英との戦争は初めは日本側が優勢であったが、1942年6月のミッドウェイ海戦の敗北を

契機に劣勢に転じる。戦争末期になると全国各地へ米軍による空爆があり、非戦闘員が多数犠牲になる。

　総力戦と称し、兵士だけでなく国民全体が戦争に邁進することが求められた。社会事業も例外ではなく、戦時体制に協力しなければならなかった。方面委員は地域の銃後の体制の一部に組み込まれる。

　1938年に社会事業法が制定される。この法は以前から私設社会事業関係者らによる要請があったもので、戦時体制と直接関係するわけではない。社会事業法的根拠を与え、公的な助成を広げることを意図していた。しかし、制定が戦時下になったために、助成よりも社会事業を政府の統制におく側面が強くなり、本来の機能を果たすことができなかった。

　1938年には厚生省（現・厚生労働省）が設置された。それまで内務省が担当していた社会事業や衛生は厚生省が担当することになった。厚生省の設置は国民の健康や体力の低下に危機感をもった軍部の要請により、社会保健省などの名称で検討されていた。つまり、国民の生活保障をめざしたのではなく、国民の体位向上などによる軍事力の確保を目的としていた。

　戦時下には、社会事業の目的は人的資源の育成と健民健兵となった。従来のように社会事業を孤児や障害者に限定するのではなく、一般国民を対象にするものととらえられ、「厚生事業」と呼ばれるようになった。このことは、社会事業を発展させるものと受け止められ、社会事業界は、「厚生事業」の論理に賛同し、戦争協力の道を歩むことになる。中堅・新進の社会事業家らによってまとめられた「社会事業新体制要綱」は、その理論化である。1940年には紀元二千六百年記念全国社会事業大会が開催され、やはり戦争協力が鼓舞された。竹中勝男、竹内愛二らが厚生事業論の論者である。

しかし、この厚生事業の論理は、社会事業を軍事優先に変質させる考えであって、決して社会事業の発展ではない。しかし、社会事業関係者は、戦争協力の道をとっていく、たとえば、セツルメント出身の牧賢一は、大政翼賛会に入って社会事業を戦時下での生産力増強の手段とした。戦後、社会福祉理論の中心的な存在となる岡村重夫は『戦争社会学研究』を書いている。

　医療が重視され、1938年に国民健康保険法が制定され、任意ながら農民にも医療保険が適用されるようになった。1930年代の農村の困窮に医療の面からこたえる内容をもってはいるものの、戦力の維持への関心があったことも否めない。しかも、医師の不足もあって、せっかくの制度も空洞化し、医療の保障にはほど遠いものであった。1940年に制定される国民優生法は、優生思想にもとづく法である。戦時下にはあまり機能しなかったが、戦後、優生保護法に改正され、1996年に母体保護法へと改正されるまで、障害者やその親族は子どもを産むべきではないという考えが同法の基本となる。

　戦争の広がりは、徴兵された兵士の遺族、家族の生活困窮をも広げた。また、戦地に行き、負傷して障害をもつ傷痍軍人の問題を深刻化させた。そこで、軍事援護が重視され、中央に軍事保護院が設置されたほか、軍人援護会、傷痍軍人会、銃後奉公会といった組織がつくられる。方面委員は軍事援護の一翼を担うことが期待された。

　もちろん、一般国民は戦争の長期化のなかで、生活にさまざまな困難が生じてくる。男性は召集されていくので、国内の生産力は低下する。それを補うために、女性や学校の生徒が労働力として動員された。生活必需品や食糧が不足するようになり、配給といわれる方法で供給されるようになる。空襲が全国に拡大し激しくなると、日々の生活が死と隣り合わせになってくる。ついには、東京・大阪への大空襲や、

広島・長崎への原爆投下など民間人多数が死亡する事態が頻発する。

　社会事業界は戦争協力をしていくが、社会事業施設の現場ではさまざまな苦難が生じた。戦前の施設は寄付金に頼る比重が高かったが、寄付金が入りにくくなった。男性職員が召集され、残された職員だけで施設を守らなければならなかった。食糧をはじめ生活物資が不足してくると、それらを確保することも困難であった。空襲が激しくなるなか、空襲で破壊された施設もある。外国人が運営を担っている施設の場合、敵国人とみなされた外国人は帰国したり抑留されたりして、残された日本人だけで施設を維持しなければならなくなった。

　戦争と福祉の関係を考えるとき、障害者ら、生活上の困難をかかえた人の問題を忘れてはならない。総力戦のなか、障害者までが戦争への何らかの参加を強いられる。知的障害がありながら、召集されたケースもある。戦争への寄与ができない重い障害のある人たちは、役に立たない存在として非難されることもあった。空襲や原爆のなか、障害者がどういう状況にあったのかも、考えてみるべきことであろう。

　戦時体制のなかで、みかけのうえでは、さまざまな制度が整備された。しかし、人間の命を奪う戦争と福祉とが相容れないことは、戦争末期のさまざまな悲劇からも明らかである。そのことを、福祉の原点として考えておくべきであろう。

（8）敗戦後

　1945年8月、日本はポツダム宣言を受諾、無条件降伏し、戦争が終わる。戦争末期には全国各地が空爆され、多くの人々が死傷し、住む家を失った。沖縄では地上戦が展開され、全域が戦場と化し、県民多数が死亡し、生き延びた人たちも無からのスタートを強いられた。沖

縄、奄美、小笠原は、連合国軍アメリカに占領されることになる。日本が長期占領や国土を二分するような領土分割などを避けられたのは、沖縄、奄美、小笠原が犠牲になったためでもある。沖縄が日本に復帰するのは1972年5月15日であるが、それまで米国統治下でさまざまな苦難があった（奄美の復帰は1953年、小笠原は1968年）。戦前日本が支配していた満州や朝鮮から日本人が帰還するが、それは困難をきわめ、母国の土を踏むことなく亡くなった人も多い。シベリアに抑留され、帰国するのに長期間要したケースもある。

　一方、いったん低下した生産力はすぐには回復せず、しかし大陸や戦地から将兵・軍属や開拓団、在外民間人が1947年末で624万余人（国立公文書館アジア歴史資料センター）が復員・引揚げてきたので人口は急増した。そのため、食糧をはじめ生活物資は極端に不足する。国民は闇物資を入手するなどしてしのいだ。

　生活困難が国民全体に広がっている状況に対応して、1945年12月に生活困窮者緊急生活援護要綱が策定されるが、あくまで臨時の措置であった。GHQ（連合国軍総司令部）は「社会救済にかんする覚書」（SCAPIN775）を出し、国家責任、公私分離、無差別平等、必要な救済に制限を加えないという4原則（公私分離を国家責任に加えて、3原則とする整理もある）を提示する。救護法などの戦前の救貧立法に代わって、1946年に（旧）生活保護法が制定された。しかし、「素行不良者」を救済しないとするなど欠格条項があることや、保護請求権が不明確であることなどが批判され、1950年に大幅に改正された生活保護法が制定された。方面委員は民生委員と改称し、民生委員法が制定される。民生委員は、1950年の生活保護法では協力機関とされた。

　戦争によって親を失った戦争孤児は、戦争がもたらした悲劇の一つである。住む家さえ失った子どもは浮浪児となって野宿をして生きて

いく。そうした背景のなかで、1947年に児童福祉法が制定された。最初は「児童保護法」の名で検討されたが、戦後の理念を踏まえて、初めて法律に「福祉」の名を使うこととなった。さらに1951年に児童憲章が制定される。これは法律ではないので強制力はないし、今日からみれば児童を権利の主体としてとらえる視点が乏しいものの、当時としては児童の権利を明確にうたい、児童への施策の指針となった。

　戦争によって多数の傷痍軍人が生じていたが、軍人に対する優先的な対策が禁止されたために、無策の状態になっていた。しかし、傷痍軍人は、戦時中は国の宝として、尊重されたのに、戦後は放置された形になって、生活困難が深刻な課題であった。そこで1949年に身体障害者福祉法が制定された。同法制定時には更生に力点がおかれ、重度障害者への対応はなお不十分であった。生活保護法、児童福祉法、身体障害者福祉法を指して、福祉3法という。

　1951年には社会福祉事業法（現・社会福祉法）が制定された。社会福祉事業を第1種、第2種と分ける規定のほか、福祉事務所、社会福祉法人など、戦後社会福祉の基本的な枠組みが規定された。

　社会福祉協議会が都道府県、市町村に設置され、地域福祉を担うことが期待された。しかし住民参加の組織として機能するには、なお時間がかかった。

　戦後の社会福祉・社会保障の方向に影響を与えたのは社会保障制度審議会による「社会保障制度に関する勧告」いわゆる50年勧告である。社会保障の枠組みを示すとともに、国家責任についてもふれた。

　このように、敗戦による混乱のなかでの生活困難は深刻であったが、日本国憲法に生存権が規定されたのをはじめ、戦後の社会福祉の基本的な枠組みが形成され、戦後の新しい社会福祉がスタートした。

（9）高度経済成長期

　朝鮮戦争を経て、経済復興が著しく1950年代以降、急激な経済成長を達成する。その結果、経済的には豊かさを得ることになる。冷蔵庫、洗濯機、掃除機、テレビなどの耐久消費財を大半の世帯でもてるようになり、自動車の所有も夢ではなくなった。1964年の東京オリンピックや、1970年に大阪で開催された万国博覧会は、日本経済の発展を世界に誇示する場となった。高速道路や新幹線の建設もすすんだ。

　しかし、一方でひずみを生みだした。第一は、公害である。企業は利益追求を最優先にし、大気汚染や水質汚濁などの公害が各地で頻発した。なかでも、熊本県で発生した水俣病（1956年）は、行政や原因企業の無責任で非人道的な対応のために被害が拡大し、現在にいたるまで、完全な解決がはかられていない。

　第二は、森永ヒ素ミルク事件（1955年）やカネミ油症事件（1968年）などの食品公害、サリドマイド事件（1960年前後）などの薬害である。公害同様、経済的な利益が最優先され、人の命が軽視された。

　第三は、都市への人口集中と農村の人口減少である。工業化が都市への人口集中を促した。都市では社会資本の整備が間に合わず、交通事故、住宅難などが発生した。農村では農業が衰退していく。

　また、高度経済成長の豊かさを誰もが同じように受けていたわけではない。この時代に起きた石炭から石油へのエネルギー転換のなかで、炭鉱地帯は衰退していった。地方では雇用機会が少ないため中学卒業者は、大都市に不利な条件で集団就職をしていく。農村では冬季に都市に出稼ぎをして収入を確保しなければならなかった。

　社会変動によって、都市では相互扶助の基盤をもたない人たちが核家族として生活し、都市では相互扶助が機能しにくくなる。したがって、

それまでは家庭内で対処できた保育、介護などに対応できなくなる。豊かさにもかかわらず、社会福祉へのニーズはむしろ高まるのである。

こうしたなか、1958年に国民健康保険法、1959年に国民年金法が制定された。医療保険制度や年金制度は、すでに戦時中に実施されてはいたが、国民全員が加入するものではなかった。両法が実施されることで、国民全員が何らかの医療保険制度に加入する国民皆保険、やはり国民全員が年金制度に加入する国民皆年金の制度が整えられた。保障の水準など不十分な点はあったものの、国民を広く対象とした社会保障制度が実現したのである。

社会福祉関係の立法も相次いでいく。1960年に精神薄弱者福祉法（現・知的障害者福祉法）が制定された。成人の知的障害者に対応したものである。1963年には、高齢者の広がりに対応して老人福祉法が制定された。1964年には、高度成長のなかで広がる母子家庭への対策として母子福祉法（現・母子及び父子並びに寡婦福祉法）が制定された。福祉三法とあわせ、福祉六法と称される法律が出揃った。

社会福祉への関心が高まるなか、国民の側から社会福祉を要求していく運動が広がっていく。有名な事件として、朝日訴訟がある。岡山県の結核療養所に生活保護を利用して入所していた朝日茂が、当時の生活保護の水準は憲法違反として1957年に起こした訴訟である。1審の東京地裁の判決では原告の主張を認めた。しかし、2審の東京高裁は、生活保護基準を低劣なものであると認めつつも、違憲とまではいえないとして、原告敗訴となった。裁判は最高裁にまでもちこまれた。ところが、審理の途中で朝日茂が死亡し、養子が継承した。最高裁の判決では、原告死亡により裁判は終了したとしつつ、憲法25条はプログラム規定であるとした。事実上の原告敗訴であるが、裁判を通じて社会福祉への国民の関心が高まり、「人間裁判」と呼ばれた。

朝日訴訟にみられる、国民から社会福祉を要求していく動きが活発
化し、労働組合運動のなかでも社会福祉が主要な課題として認識され
る。全国に革新自治体といわれる自治体が広がり、老人医療費無料化
などの社会福祉政策がとられる。

　障害者への関心が高まり、実践や運動がすすめられた。なかでも糸
賀一雄の実践と思想が知られる。糸賀は近江学園での実践を重ね、さ
らにびわこ学園を設置する。『福祉の思想』などの著書があるが、な
かでも「この子らを世に光に」という言葉は、温情的な福祉観を否定
し、障害者の主体性に立脚した主張として、多大な影響を与えた。そ
のほか、脳性まひ者による青い芝の会など、障害者運動が活発化し、
1980年代以降のノーマライゼーションの動きに影響を与えていく。

　経済力を背景にして、社会福祉の水準が大きく高まった。しかし、
「社会福祉施設緊急整備5カ年計画」にみられるように、施設中心の
傾向をもったことは否めない。特にコロニーと呼ばれる大規模施設は、
後年に批判の対象になる。社会福祉の広がりは、働く従事者が増えた
ことでもあり、資格化の動きが見られた。1971年に社会福祉士法制定
試案がまとめられた。しかし、批判も集まり、実現することはなかっ
た。社会福祉従事者の労働者としての側面を重視する「福祉労働論」
が提起され、一部の社会福祉施設では労働組合が結成され、労使紛争
となったケースさえある。しかし、その動きが定着したり広がったり
することにはならなかった。

（10）1970年代の動き

　1970年代は高度経済成長から低成長へ移行していく時期である。
1970年に大阪で開催された万国博覧会は、高度経済成長がピークに達

したことを誇示する行事であった。国民の生活水準は向上し、中流意
識が形成される。

　一方で、高度経済成長のひずみが顕著に意識された。水俣病をはじ
めとした公害問題に対して多数の裁判が提訴され、原告勝訴の判決が
相次いだ。

　高度経済成長の完結ともいうべき社会福祉の動きは1973年の「福祉
元年」である。この年、年金制度が拡充されて、給付水準の引き上げ、
物価・賃金スライドの導入がなされた。なんといっても象徴的であっ
たのは、老人医療費の無料化である。社会福祉・社会保障の著しい充
実がみられて、「福祉元年」と称された。

　「福祉元年」の背景として、高度経済成長のひずみのなかで、国民
の生活への不安や不満が高まり、労働運動などの社会運動が活性化し
た。各地で革新政党系の知事が誕生し、「革新自治体」と呼ばれる動き
が広がった。当時の田中角栄内閣としては、生活重視の政策をとらざ
るをえなかった。

　しかし、1973年の第1次オイルショック（第4次中東戦争を契機とし
た産油国の結束による親イスラエル国への禁輸で石油価格が上昇）を契機
にして、高度経済成長は終わった。高度経済成長期には、経済全体の
パイが年々増大していくため、その一部を社会福祉に回すことで、社
会福祉を拡充することが比較的容易であった。しかし、財政が厳しく
なるにつれ、そうしたやり方がとれなくなる。「福祉元年」はあったが、
「福祉2年」はなかったのである。

　そこで、社会福祉のあり方として、「日本型福祉社会論」が提起さ
れた。イギリスやスウェーデンなどの福祉先進国は経済を沈滞化させ、
個人の孤立をまねいていると批判し、日本では相互扶助の習慣があり、
相互扶助の機能を使えば、財政支出をしなくても福祉を実現できると

いう。その場合、国家の責任は後退するので、「福祉国家」ではなく、「福祉社会」なのである。しかし、そもそも相互扶助が困難になったために社会福祉が必要とされたのであり、矛盾をもっていた。社会福祉の責任を個人や家庭に負わせる発想は、社会福祉による援助が国民にとって不可欠となっていく現実のなかで説得力を失っていく。しかし、このような発想が、社会のなかに根強く残り、福祉サービス拡充のブレーキとなったのは否めないであろう。

　また、1979年にイギリスでサッチャー保守党政権が誕生して、社会保障の抑制に乗り出していくように、先進各国で福祉国家政策が行き詰ったことも否めない。

　1970年は、前半は第2次ベビーブームであったが、後半には合計特殊出生率が2.0を割り込んだ。今から振り返ると、少子化が始まった時期である。1971年に児童手当法が成立するが、これは少子化対策ではなく、ベビーブームにともなう子育て費用の負担に対して対応した制度である。

　1970年代には、大きな法制定はみられず、1960年代に形成された福祉六法体制のもとで、社会福祉の充実がはかられた。障害者運動はじめ、女性運動などが活性化し、労働運動も高揚するなど、社会運動が活発であり、そこでは福祉に関する要求が含まれた。しかし、一時各地に広がった革新自治体が1970年代後半には退潮していく。

（11）1980年代の動き

　1980年代になると、財政難がより明確になってきて、政府は財政再建をめざして「第二次臨時行政調査会」（第二臨調）が発足した。増税なき財政再建を掲げた第二臨調は、「活力ある福祉社会」を標榜した。

公的支出の増大によって福祉の拡充をはかる政策には消極的になり、いかに支出を削減するかに比重がかけられていく。

　削減傾向が鮮明になるのは生活保護である。1981年に「123号通知」が出され、不正防止を口実に、生活保護の実施が厳しくなる。生活保護の利用者は減少していくことになり、行き過ぎた抑制のなかで、飢死事件さえ発生した。

　しかし、単に支出削減という後ろ向きの動きだけがすすんだのではない。高度成長期には施設を中心とした整備がはかられる傾向もあったが、施設中心の福祉のあり方に疑問がもたれるようになった。地域福祉、在宅福祉が注目されるようになった。

　障害者についてノーマライゼーションの考え方が広がった。特に1981年は国際障害者年として「完全参加と平等」のテーマで取り組まれた。当初は、１年限りのお祭りになるのではないかとの疑念もみられたが、実際には障害者によるさまざまな取り組みにより、障害者の社会参加の拡充の契機になったといってよいであろう。

　市民参加への問題意識から、ボランティア活動への関心の高まりがみられた。地域でもボランティア活動が広がり、学校での福祉教育の取り組みもみられるようになった。

　高齢化がすすみ、高齢化社会の深刻さへの認識が深まり、1982年に老人保健法が制定された。同法により、高齢者も一部を自己負担することとなり、老人医療費の無料化は中断された。老人保健法は1987年に改正され、老人保健施設が制度化される。

　1985年に年金制度の改正が行われ、年金制度の一元化をはかった基礎年金制度の創設、第３号被保険者制度による女性の年金権の確立、障害基礎年金制度による障害者の年金制度の拡充などが行われた。ただし、全体的な給付水準については抑制されている。

1986年に「地方公共団体の執行機関が国の機関として行う事務の整理及び合理化に関する法律」が制定される。それまで、社会福祉施設の入所措置事務は、機関委任事務と位置づけられていた。事務を実際に行うのは地方自治体であるが、地方の裁量の余地がなかった。それが、団体委任事務になった。地方分権への動きの一つであるが、しかし、社会福祉分野の国庫負担が削減して地方の負担が増加し、権限が広がるという真の分権化がなされたとはいえない。

　1987年には社会福祉士及び介護福祉士法が制定された。資格化は社会福祉士法制定試案以来、頓挫していた。社会福祉従事者にとっての長年の課題がようやく実現した。資格ができたことで、社会福祉士、介護福祉士の養成校が全国に多数設置され、社会福祉専門教育が大きく広がった。

　1989年には「高齢者保健福祉推進10ヶ年戦略」（ゴールドプラン）が策定された。高齢者サービスの拡充が数値目標によって示される。

　1980年代には福祉改革の必要性が叫ばれ、社会福祉のあり方が、大きく転換していく。所得にかかわりなくサービスが利用できる普遍化、民間営利部門によるサービスなどの多元化などの動きがはじまった。資格制度が発足して、専門職化の方向が鮮明になった。地方分権の動きがすすみ、地域福祉が着目された。しかし、1980年代の段階ではそれらの動きはまだ不十分であり、1990年代以降の動きのなかで具体化していくことになる。

（12）1990年代の動き

　1989年の合計特殊出生率が1.57となり、これは前年を大きく下回るとともに、ひのえうま（1966年）の出生率、1.58をも下回っていた。

「1.57ショック」といわれ、出生率の低下への危機感が高まった。以後、合計特殊出生率は低下の傾向を強めていく。

　1990年に社会福祉関係8法改正が行われ、社会福祉事業法などが改正された。改正の主眼は在宅福祉の重視と市町村の重視である。しかし、この時点では措置制度など戦後福祉の根幹を改正するにはいたらなかった。

　1980年代末期の、いわゆるバブル経済のもとで企業などに就職しやすい状況が生まれ、社会福祉従事者が不足し、「マンパワー問題」が深刻化した。高齢化の進行のなかでいっそうの従事者確保が必要であるとの危機感のなかで、1992年に「社会福祉事業法及び社会福祉施設職員等退職手当共済法の一部を改正する法律」（福祉人材確保法）が制定された。しかし、以後は「失われた10年」ともいわれるような経済危機の発生、労働規制の緩和のなかでの非正規雇用の広がり、など就職難の時代をむかえ、さらに資格化により社会福祉士、介護福祉士養成校が増加した。そのため、社会福祉従事者の確保が容易な状況となった。2000年代以降は介護保険、支援費制度、保育所の民営化などが実施されるなか、従事者の待遇はむしろ悪化した。

　1990年代の特徴は、社会福祉整備の計画が次々と立案されたことである。高齢化の進展への対応として、ゴールドプランが新ゴールドプランへと拡充された。少子化への危機感から、エンゼルプランが策定された。ノーマライゼーションへの関心のなかで、障害者プラン（ノーマライゼーション7カ年計画）が策定された。しかし、既存の制度を前提としてサービスを拡充するだけでは財政的にも限界があり、制度を保持したままで高齢社会に対応できるとは考えにくくなった。そこで、制度の抜本的な改革として介護保険制度が提起される。議論を経て、1997年に介護保険法が制定された。

障害者の人権保障への関心、ノーマライゼーションを建前や努力目標ではなく、実質化していく意欲の高まりのなか、具体的な法改正や法制定が続く。1995年には、心身障害者対策基本法を改正して、障害者基本法が制定された。

　1995年には精神保健福祉法が制定された。それまで、精神障害者について保健の対象との発想から福祉サービスが不十分であったが、福祉サービスとの関係を深めた。1996年にらい予防法が廃止された。らい予防法に強制隔離が規定されていたことが批判され、社会福祉も含めて反省が迫られた。1996年には優生保護法が母体保護法へと改正されている。障害者の断種や中絶が推進されてきたことが批判された。

　政策文書が次々と策定され、社会福祉のあり方が問い直された。1994年には高齢社会福祉ビジョン懇談会により、「21世紀福祉ビジョン―少子高齢社会に向けて」という報告書がまとめられた。1995年には社会保障制度審議会により、「社会保障体制の再構築に関する報告―安心して暮らせる21世紀の社会を目指して」が策定された。そこでは社会保障について、「みんなで」と述べられ、自立と社会連帯が強調されている。

　こうして、1990年代は次々に法改正が行われたが、そこで明らかになったのは、戦後すぐにつくられた社会福祉の枠組みが、半世紀経過して現実の社会福祉の実態にそぐわなくなったことである。もはや個々の制度をその都度改正するだけでは追いつかない状況であった。そこで抜本的な改革が迫られ、1998年には「社会福祉基礎構造改革について（中間まとめ）」がまとめられた。「中間まとめ」とあったが、実際にはこれが最終的な報告である。そこでは改革の理念として、対等な関係の確立、地域での総合的な支援、多様な主体の参入促進、質と効率性の向上、透明性の確保、公平かつ公正な負担、福祉の文化の創造

が掲げられた。

　1990年代の大きな出来事は、1995年1月に起きた阪神・淡路大震災である。戦後最大の災害で甚大な被害が出たなか、全国からボランティアが救援活動に駆けつけたことが注目された。ボランティアへの社会的な支援の機運が生まれた。そのなかで制定されたのが1998年の特定非営利活動促進法（NPO法）である。

　1990年代の法制度の変遷はきわめて目まぐるしい。1980年代に示された改革の方向が具体化されていく。さらに少子高齢化の深刻さが深まり、その対処が求められたうえ、阪神・淡路大震災という思いがけない事態も発生した。改革がすすんだため、かえって社会福祉のかかえる構造的な課題が認識され、社会福祉基礎構造改革へと動いていく。

（13）2000年代の動き

　2000年代に入って福祉政策の動きはいっそう激しさを増していく。2000年には行政改革の一環として行政組織の改革が図られ、厚生省と労働省が統合して厚生労働省となり、社会福祉関係の審議会も社会保障審議会に集約された。戦後長く社会保障に影響を与えて生きた社会保障制度審議会は廃止され、マクロな機能は経済財政諮問会議に継承された。

　社会福祉基礎構造改革の動きは、2000年の法改正で実現が図られた。社会福祉事業法が社会福祉法へと改称されたのをはじめ、主要な法律が改正された。公益質屋法は廃止される。利用者の立場に立った社会福祉制度の構築として、措置制度から利用制度への転換がはかられ、障害者サービスの制度として、2003年から実施する支援費制度が規定された。苦情解決の仕組みが導入され、運営適正化委員会が設置され

た。社会福祉事業の充実・活性化として社会福祉法人の制度が改善された。地域福祉の推進として、市町村地域福祉計画、都道府県地域福祉支援計画が規定され、民生委員法が改正された。

こうして、社会福祉の体制が改革され、介護保険制度も2000年から実施された。社会福祉は21世紀の新しい時代に入っていく。戦後の福祉サービスの基本であった措置制度は一部に残ったものの、利用者が選択して契約する方式が基本になった。

児童虐待が深刻であり、児童相談所の相談処理件数が大幅に増加し、虐待によって児童が死亡する痛ましい事件も相次いだ。そこで、2000年に児童虐待の防止等に関する法律（児童虐待防止法）が制定され、虐待の通報や児童の保護について定め、法制度の面から虐待防止をはかった。

障害者サービスについては、2003年度より支援費制度が発足し、措置制度から契約制度へと移行したが、さらに2005年に障害者自立支援法が制定された。しかし、応能負担から応益負担へと変わり、障害者からの強い批判が出された。2012年に「障害者の日常生活及び社会生活を総合的に支援するための法律」（障害者総合支援法）へと改正された。

生活保護制度について大幅な法改正はなかったが、2004年の「生活保護制度の在り方に関する専門委員会」の最終報告書で、自立支援プログラム策定の基本方針が提案されたほか、母子加算の廃止などが行われた。ただし、母子加算については、2009年の民主党政権下で復活した。生活保護受給者が増加する一方であることから、制度のあり方への議論が高まっている。

合計特殊出生率の低下はとどまることがなく、ついに2005年に1.26にまで低下した。児童手当の拡充など少子化対策がとられ、法も制定された。しかし、国立社会保障・人口問題研究所による人口推計では、2060年にいたっても、あまり上昇しないと見込まれている。

　こうして、2000年代に多数の法律が整備された。児童虐待防止体制の整備や高齢者虐待への対応など、明らかに前進した内容も多いが、利用者負担の拡大などが目立ったことも否めない。

　結果、2000年代半ばから、国民の間で所得水準の格差が拡大しているのではないかとの指摘があらわれた。こうした指摘に対して、当初は賛否の議論があったが、やがて格差にとどまらず、貧困そのものが広がっているとの認識が高まり、「ネットカフェ難民」の存在も知られるようになった。2008年後半からの経済危機のなかで非正規雇用の人たちの失業が広がり、社会保障制度の不備が明らかになった。

　また、年金記録問題、介護保険の事業者による不正など社会保障制度への国民の信頼を揺るがす出来事が相次いだ。介護サービスの人材不足が露呈するなど、福祉政策の不十分さも示されている。2008年から、後期高齢者医療制度が導入されたものの、厳しい批判にさらされた。批判のなかには、感情的なものも含まれていたが、それだけ社会保障制度への不信が蓄積されているともいえる。

　少子高齢化のさらなる進行、財政難など、今後の福祉政策には不透明な面もある。しかし、福祉サービスが国民生活の一部として定着し、ますます期待が高まっているのも確かである。歴史のなかで明らかとされた課題を克服しつつ、福祉政策の拡充が求められている。

第2節　欧米の社会福祉の歴史

（1）イギリス

　イギリスは、産業革命を最初に達成するなど、資本主義の先進国で

ある。社会福祉についても、救貧法の長い歴史があり、戦後は積極的な福祉国家政策がとられた。これらの政策は日本にも大きな影響を与えた。したがって、外国の社会福祉を学ぶ場合、歴史についてはまずイギリスについて学ぶのが一般的である。

イギリスでは、エンクロージャー（囲い込み運動）による農民の浮浪化などを背景として16世紀に救貧法が繰り返し制定された。それらを集大成して1601年にエリザベス救貧法が制定された。教区を単位とし、治安判事のもとに貧民監督官をおき、救貧税を財源とした。貧民を、労働能力をもつ貧民、労働能力を有しない貧民、児童に分類し、有能貧民については強制労働、児童は徒弟奉公に出し、無能貧民について、親族の扶養が得られない場合に、生活の扶養が行われた。

その後、救貧費の増大に対処するため、救済について居住などの条件をつける定住法、貧民を組織する「貧民に有利な雇用論」などがあらわれた。

18世紀半ばから19世紀にかけて、産業革命によって機械制大工業が確立した。それまで比較的良好な待遇を得ていた熟練工であったが、以後、多数の失業者を生み出した。こうした状況に対して、労役場を前提とした対応が困難になって、ギルバート法（1782年）やスピーナムランド制（1795年）により、一時期在宅救済が認められた。

しかし、それは救貧法に依存した低賃金労働を広げ、救貧費の増大をまねいた。そのために、救貧法への批判が高まり、救貧法委員会がつくられた。委員会は3つの原則を提示した。全国均一の原則、在宅救済を禁止し救済を労役場収容に限る労役場制度、救済の水準は救済を受けない最下層の労働者の生活水準以下でなければならないとする劣等処遇の原則である。1834年に新救貧法が制定された。

新救貧法の思想的背景とされるのはマルサスである。マルサスは

『人口の原理』(1798年)により、人口は幾何級数的(たとえば、1・2・4・8・16)に増加するのに対し、食糧生産は算術級数的(たとえば1・2・3・4・5)にしか増加しないと説き、救貧は貧困の解決にはならず、やむをえず救済を行うのであれば抑制的でなければならないと主張した。

　一方、民間慈善事業の発展もみられる。18世紀が「博愛の世紀」と呼ばれたように、民間による慈善事業も活発である。これら慈善事業は、中世の宗教的な慈善と異なり、個人としての人格の認識によるものであり、担い手がキリスト教徒であったとしても宗教的な色彩は強くない。博愛協会がその中心になった。慈善学校や慈善病院などが設置されたほか、さまざまな活動が取り組まれた。チャーマズによる隣友運動も注目された。友愛訪問と呼ばれる戸別訪問を行い、救貧法の受給者をゼロにした。

　慈善事業の組織化として、1869年にロンドンで慈善組織協会(COS)が結成された。COSは個別訪問を行い、記録を集積し、慈善団体間の連絡調整を行った。こうしたCOSの活動は、ケースワークやコミュニティ・オーガニゼーションの先駆と評価されている。しかし、貧民を、「救済に値する貧民」と「救済に値しない貧民」とに区分し、前者については救済を行うが、後者については救貧法の対象とした。貧困の責任の個人の怠惰と見る発想になお立っていたのである。

　貧困の社会性を認識し、社会改良を志向した活動として、ソーシャル・セツルメントが始まる。セツルメントとは、貧困者の多く住む地域を対象として活動する。そうした地域は、貧困に起因して、経済的な問題にとどまらず多様な生活問題が集積している。そのため、一時的な金銭の給付を行うような対策をとっても、問題は何ら解決されない。そこで、知識人が地域内に定住し、人格的な交わりを通じて、解

決をはかる。具体的には、教育、教養、衛生などの活動を行う。こうした活動は、社会改良をもめざしていくことになる。デニスンを先駆とし、バーネットらによって、1884年にロンドンにトインビーホールが創設された。

　19世紀末に貧困調査が行われる。一つは、チャールズ・ブースによるロンドンの調査である。ロンドン市民の約3割が貧困であることと、貧困の原因は主に日雇や低賃金などの雇用上の問題や疾病や大家族などの環境的要因であることを明らかにした。逆に飲酒癖のような個人の怠惰にかかわる原因は約1割に過ぎなかった。

　もう一つの調査は、ラウントリーによるヨーク市の調査である。ヨーク市民の3割が貧困であることを明らかにするとともに、労働者がライフサイクルにおいて、3度（本人の幼少期、結婚・養育期、高齢期）貧困線以下に陥ることを示した。

　ブースやラウントリーによる調査は、大規模で科学的な手法によるもので、きわめて信頼性の高い調査である。貧困の原因を個人の怠惰や性格にもとめる従来の考えに転換を迫り、貧困への社会的な対応を求めるものであった。

　こうして、貧困への対応は社会的になされなければならないという認識が広がる。20世紀初頭に成立した自由党政権は、労働者の支持を得るために社会改良策を公約していた。自由党政権のもと、1908年に老齢年金法、児童法、1909年に最低賃金法などが次々と成立する。なかでも、1911年の国民保険法は、疾病保険と失業保険からなり、イギリスにおける最初の社会保険制度である。

　救貧法についても、改正がもとめられた。そこで、救貧法および失業者に関する王命委員会がつくられて、議論された。1909年に報告が出されるが、委員会としての統一した見解を出すことができず、多数

派報告と少数派報告に分裂した。両報告とも、救貧法の非人道的な面について改革すべきである点では共通していた。しかし、多数派報告では、救貧法は存続するものとされた。ビアトリス・ウェッブに代表される少数派報告では、社会政策を拡充することにより、救貧法は解体すべきとされた。

　結局、救貧法は存続するが、実際には一連の社会改良策や、失業者への給付がなされることで、限定的な存在になる。ただ、形式的には1948年に国民扶助法が制定されるまで存続する。

　イギリスでは、第二次世界大戦前まで、常に失業問題が深刻であり、失業救済のあり方をめぐって模索された。そうした動きの結果、1934年に失業法が制定された。失業法では保険料の拠出による失業保険とともに、無拠出の失業扶助が盛り込まれていた。失業扶助の導入により、救貧法の役割は大きく減退した。

　1939年からの第二次世界大戦によって失業問題は緩和されるが、反面で戦争による生活困難が広がる。そうしたなか、1942年に「社会保険および関連サービス」、いわゆるベヴァリッジ報告が提出されて国民から広く歓迎された。ベヴァリッジ報告は戦後の福祉国家の設計図を描いたものとして、イギリスはもちろん、日本をはじめ他の先進国にも大きな影響を与えることになる。

　報告では、窮乏、疾病、無知、不潔、怠惰という巨人悪への対策の重要性をとなえ、総合的な社会サービスの必要を唱えた。特に所得保障として社会保険を重視し、社会保険の6つの原則を示した。

　戦後まもなくの総選挙で、アトリー労働党政権が誕生した。アトリー政権では、ベヴァリッジ報告の線にそって、福祉国家政策をとる。以後のイギリスは、労働党と保守党が政権交代を繰り返す。両党を比較すれば労働党のほうが福祉政策に熱心ではあるが、どちらの政権で

あっても、基本的には福祉国家の路線を歩む。

　なかでも、地域や家族を基盤とした福祉への関心が高まる。コミュニティケアへの関心を背景として、1968年にシーボーム報告が出され、社会福祉行政の統合化や分権化などが提起された。報告を受けて、1970年に地方自治体社会サービス法が制定された。

　福祉の先進国とみなされてきたイギリスであったが、1979年に保守党のサッチャー政権が誕生すると、新自由主義的な政策がとられる。社会保障が削減され、公営住宅の縮小や年金額の削減などがなされる。

　1997年にブレアによって、久しぶりに労働党政権になった。ブレア政権はサッチャーのような社会保障抑制策はとらないが、旧来の福祉国家政策を再現するのでもなく、自立支援を重視した「第三の道」を模索する。

（2）アメリカ

　アメリカは、開拓の歴史やピューリタンの伝統などで、自助、自立を重視する風潮が強い。そのため、他の先進国と同様な福祉国家路線をとることはなかった。反面、ソーシャルワークが大きく発展した国でもある。アメリカは、州の権限が強いなど特異な体制の国であり、福祉政策についても、連邦政府のレベルだけでなく州の政策を視野に入れる必要がある。また、民間による福祉・ボランティアの活動やさまざまな市民運動も行われている。ここでは、詳細にふれることはできないので、主要な動きだけ述べるが、それはアメリカという奥行きの深い国のある一側面を見ているにすぎないことは、あらかじめ認識しておいてほしい。

　植民地時代のアメリカは、本国（主にイギリス）の救貧制度を模倣

していた。1776年に独立を果たすが、以後も連邦政府は救済に消極的であり、不十分な救貧政策がとられるだけであった。当初は院外救済が主であったが、救貧費が増大するなかで、救貧院の設置が広がる。しかし、19世紀まで、連邦政府による救済には消極的であった。それは、建国以来の自立の重視に加え、西部への開拓が進行しており、生活に困窮していれば、西部に行って開拓に参加すればよいと考えられたためでもある。ただ、民間による慈善事業は広がっている。

19世紀後半、アメリカは工業国として発展した。南北戦争で奴隷制度は廃止されるが、黒人への差別が解消されたわけではなく、むしろ「解放」された黒人は生活の手段を自分で確保しなければならなくなり、黒人の生活維持が課題の一つとなっていく。

アメリカでも慈善組織協会が創設される。1877年にバッファローに最初に創設され、全米に広がった。COSの活動からでてきたのは、リッチモンドである。リッチモンドはケースワークを体系化し、『ソーシャル・ケース・ワークとは何か』『社会診断』を書き、社会環境を重視したケースワーク論を唱えた。

以後、アメリカでは社会福祉の専門化がすすみ、ケースワークをはじめ、ソーシャルワークが発展していく。専門職団体、専門職教育などが発展し、ソーシャルワーカーが専門職としての地位を高めていく。しかし、ケースワークにおける診断主義と機能主義の対立にみられるように、リッチモンドが求めた社会環境の重視ではなく、個人の心理的な側面を重視するようになってしまう。

とはいえ、20世紀初頭の頃には、アメリカでも社会改革への関心は高まる。それは、西部の開拓地が消滅したこと、工業の発展による失業問題の深刻化、移民の生活困難などが背景にある。アメリカでもセツルメントがはじまる。1886年のニューヨークのネバフッド・ギルド

が先駆であるが、著名なのは1889年にシカゴにジェーン・アダムズによって創設されたハル・ハウスである。ハル・ハウスでは移民を対象とした教育活動などを行った。

公的救済に関心の薄かった連邦政府も福祉の課題に一定の関心を寄せるようになり、1909年に児童福祉のための白亜館会議（ホワイトハウス）が開かれ、会議を受けて1912年に児童局が設置された。

第一次世界大戦後、アメリカは好況に沸き、社会問題への関心が薄れていく。しかし、1929年に自国、ニューヨークの株取引所での株暴落からはじまる世界恐慌によって未曾有の経済的な困難に陥った。当時の共和党のフーバー大統領は無策であったが、かわって1933年に登場した民主党のローズベルト大統領は、ニューディール政策を推進し、公共事業によって失業問題に対処する。さらに、1935年に社会保障法が制定された。「社会保障」という名称のついた、世界で最初の社会保障総合立法である。社会保障法は、老齢年金、失業保険、社会福祉事業への補助などの内容である。しかし、医療保険は含まれていない。以後、アメリカは国民全体をカバーする医療保障体制をとることなく、現在にいたっている。

第二次世界大戦後、アメリカは資本主義国を代表する超大国として、政治、経済などあらゆる領域で世界に影響を与える。しかし、その一方で、国内では人種差別などの問題をかかえたままであった。奴隷制度が廃止された以降も、たとえば白人と黒人とでは、バスの座席が異なるとか、白人専用の学校があるとか、白人と黒人は当然のように異なる扱いがなされてきた。それに抗議し、平等をめざして1950年代後半から公民権運動が展開される。キング牧師らを中心として、非暴力による粘り強い運動は大きな影響を与え、ついに1964年に公民権法が制定された。

　公民権運動のうねりは、社会問題全体への関心につながっていく。戦後のアメリカでは、強い経済力を背景に、貧困があたかも過去の問題であるかのようにとらえられていた。しかし、そうではなく、多くの国民が貧困の状態にあり、しかも世代間で再生産されていることが明らかにされる。公民権法制定時の大統領、ケネディ（民主党）が1963年に暗殺された後、大統領を引き継いだジョンソンは貧困戦争を宣言して、貧困の解決を主要な政策課題とした。公的扶助受給者による福祉権運動も展開される。反面、ジョンソン政権下でベトナム戦争がさらに拡大（派兵拡大）、北爆が開始され泥沼化していったことも忘れてはならない。

　しかし、1980年代のレーガン（共和党）政権下では社会保障が削減される。アメリカ人障害者法（ADA）の制定など注目される動きがある反面、公的救済に消極的な伝統のなかで、医療保障がなかなか実現しないなど、多様な動きをみせている。

【参考文献】

金子光一（2005）『社会福祉の歩み』有斐閣

高島進（1995）『社会福祉の歴史』ミネルヴァ書房

菊池正治・室田保夫編集代表（2014）『日本社会福祉の歴史　改訂版』ミネルヴァ書房

室田保夫編著（2006）『人物で読む近代日本社会福祉のあゆみ』ミネルヴァ書房

田中和男・石井洗二・倉持史朗編（2017）『社会福祉の歴史—地域と世界から読み解く』法律文化社

吉田久一（2004）『新・日本社会事業の歴史』勁草書房

古川孝順・金子光一編（2009）『社会福祉発達史キーワード』有斐閣

第 3 章
社会福祉の思想と理論

第1節　社会福祉の思想

（1）なぜ社会福祉が必要なのか

　なぜ、社会福祉が必要なのであろうか。自明のようであるが、よく考えてみると簡単には答えられない。一つの答えは、「要介護高齢者がいるから」「障害のある人がいるから」ということであろうか。つまり、ニーズが存在するからということである。

　ではなぜ要介護高齢者がいるからといって、社会福祉という形で社会的に支えなければならないのか。社会的に支えるとは、社会全体で支援のシステムをつくり、お金もかけるし人材も投入する。そのための財源は、みんなで負担するということである。

　それに対し「要介護になったのは気の毒ではあるが、あくまで個人的なことで、個人で対応すべきことだ」という考えも成り立つ。その考えに立てば、要介護者への対応は、家族だけで介護したり、どうしてもできなくて他者に依頼したりする場合は、その費用を全額自己負担するということになる。

　しかし、こういう考え方でいくと、現実にはどうなるであろうか。家族が介護するといっても、家族のいない単身者はどうなるのか。家族の介護がさしあたり可能だったとしても、要介護状態が長期化すれば、今度はその家族が疲労などで倒れることになる。

　他者に依頼するといっても、どうやって介護者を確保するのか。資産家であれば、多額のお金を払うことで、介護者を雇うことができるかもしれないが、それができるほどの資産家は稀である。このように個々にはなんとかできる人がいるとしても、社会全体でみれば、対応

に行き詰る人が間違いなく多数出てくる。

　こうした状況になることが予測されるのになお、個人の問題として放置してよいのであろうか。「介護が続かず、一家心中になっても、個人的なことにすぎない」と考えることができるのであろうか。

　一方、こういう考えもある。要介護者に適切な支援がないと、より症状が悪化して医療などの社会資源を使うことになる。また、家族が介護のために仕事を辞めるかもしれない。仕事を辞めることで、会社が困っているかもしれない。個人的なことだといって放置することは、一見すると社会は負担しなくてすむように見えるが、むしろ社会的な損失を大きくしているのである。

　福祉サービスを提供するほうが、社会的な損失が少なくてすむ、ということがいえる。社会福祉を行うことが国の財政を厳しくしているという意見がある。しかし、社会福祉をしないことで、むしろ財政的負担は結果的には大きくなるとも考えられる。

　この考え方は、社会福祉を行わないことで、社会的な負担を軽減しようとする発想には有効な反論になる。ただ、この考え方だと、社会としての損得を計算して、得なときだけ福祉サービスを提供すべきということになってしまう。社会福祉は、事実として社会の経済的負担を実は軽減させるのだとしても、もっと本質的に必要なものと捉えるべきであろう。

（2）人間の尊厳

　人間としてあるべき状況ということにおいて、社会福祉を考えることが求められる。歴史をみていくと、古くから困窮した人などに対して、救済する動きはあった。たとえば、旧約聖書は紀元前に書かれた

文書であるが、そこには夫と死別した女性や孤児などを助けるべきと書かれている。古今東西、困っている人がいたら助けるという実例には事欠かないし、倫理上も助けるべきと考えられてきた。

　人間は素朴に、困っている人が目の前にいたら、助けようとする心情をもっているのである。ただ、戦争が日常的に行われて、命が失われたり、奴隷制度がもうけられて奴隷とされた人の命は軽視されたりと、人の命を大切にしない実態が長く続いたことも確かである。つまり、人を大切にする思想が芽生えている一方、命が簡単に奪われる実態も存在した。

　矛盾する考え方が併存しながらも、近現代の社会になっていくと、命の大切さが普遍的な考え方になってきた。まだ世界中で完全に定着したとまではいえないが、「人の命が簡単に失われてもかまわない」という発想は小さくなった。がけ崩れが起きて、1人が生き埋めになったとき、大勢の人で救出作業をするのは当然視される。「1人のために、何十人もの人が重労働の作業をするのは無駄だ」と考えない。

　そして、命があればいい、というだけではなく、社会福祉と呼ばれる思想が形成されていった。人間は生きていればよいという存在ではなく、人間らしい生活というものがある。貧困な人は、その生活水準を下回っているので、上回るようにしていくことが求められた。また、特に不利益を被りやすい障害者や児童への支援の必要性が認識されるようになった。

　思想といっても、それは幅広いものであり、簡単に「これが社会福祉の思想だ」といえるものではない。しかし、おおむね社会福祉を政策化したり、実践したりしていく根拠として共通的に認識されていることはある。たとえば、人間の尊厳、すなわち「すべての人は人であるという理由だけで、かけがえのない尊厳をもつ」という考えである。

　この考えに立てば、尊厳が損なわれたという状況があれば、社会的に対応すべきということになる。人間は、年齢にかかわりなく尊重されなければならない。残された命の長短で尊厳が変わることはない。明日亡くなることが確実になったからといって、尊厳が低下するものではないのである。

　また、体力や知的能力が低下したからといって、尊厳が低下することはない。要介護状態の高齢者が、適切な介護を受けられずに放置されているとすれば、人間の尊厳の大きな侵害ということになる。したがって、社会としてはお金を出してでも対応すべきである。そのお金は、社会の構成員が当然に負担しなければならず、税金などの形で強制的に徴集することが許されるのである。

　日本国憲法に第25条に「すべて国民は、健康で文化的な最低限度の生活を営む権利を有する」とあり、さらに2項で「国は、すべての生活部面について、社会福祉、社会保障および公衆衛生の向上及び増進に努めなければならない」とあるのは、そうした考えを具体的に表現したものである。法制度が人間の尊厳に対応した内容なのか、この条文を中心にして吟味されてきた。

　あるいは、「社会福祉士の倫理綱領」ではより具体的に「人間の尊厳」について記述している。「すべての人間を、出自、人種、性別、年齢、身体的精神的状況、宗教的文化的背景、社会的地位、経済状況等の違いにかかわらず、かけがえのない存在として尊重する」としている。この記述を逆に言うと、出自、人種、性別などを根拠にして尊厳が違ってくるかのような考えが広がっていたということでもある。たとえば、白人が尊重されて黒人が蔑視されるようなことがこれまで堂々と行われてきた。男尊女卑の発想もなかなか根絶されない。このように何かを理由にして、尊厳に違いがあるという主張がなされることが歴

史的にはあったが、社会福祉の立場では、いかなる理由があっても尊厳に違いがあるとは考えない。

　犯罪者について「自らの行為で尊厳を損なったので、ある程度の尊厳の制約があってもいいのでは」という議論があるかもしれない。確かに犯罪者に対して、法律による厳格な手続きを前提にして、刑務所への入所を強制するなど権利の制限が行われる。しかし、犯罪を理由にして、尊厳自体が低いかのような考え方はするべきではない。もし、そういう発想を是認すると、どうなるであろうか。誰しも、何らか不道徳な行動をどこかでしたり考えたりしているものである。不道徳な行動を根拠として、尊厳が制約されても仕方ないということになってしまう。

　何の前提条件もなく、人間の尊厳が尊重され、社会福祉の基礎となって社会福祉が語られなければならない。

（3）多様な思想

　人間の尊厳だけが社会福祉の思想ではない。ほかにも、社会正義、社会連帯、平等、平和など社会福祉につながる思想がある。「社会福祉士の倫理綱領」では「社会正義」として「差別、貧困、抑圧、排除、暴力、環境破壊の無い、自由、平等、共生に基づく社会正義の実現をめざす」としている。

　すなわち、差別とか暴力は、社会福祉の思想に反するものであり、暴力を肯定するような発想は、社会福祉とは両立できないものである。いかなる理由があれ、何かを実現するために誰か殺害するとか、不法に拘束するとかといったことは、社会福祉の立場からは許容できない。

　一方で自由、平等、共生の実現をめざしていくことが求められる。

生活の保障があったとしても、政府に従属することが条件で言論の自由がない、ということでは社会福祉が実現したとはいえない。いくらすぐれた福祉サービスがあっても、利用することで差別を受けたり不利益があったりするようでは、真の社会福祉とはいえない。社会福祉は法制度の充実も大切だが、自由や平等の実現も同時になされなければならない。

　このようなことを言うと、人間社会の現実からかけ離れた、きれいごとのように聞こえるかもしれない。しかし、社会福祉の思想は、現実を見ないで美辞麗句を語ることではない。むしろ社会福祉こそ、さまざまな人と関わるので、人間というものが、どうしても他人を差別したり排除してしまう存在であることに直面している。だからこそ、めざすべき方向を明確に示す必要があるのである。

　また、福祉の思想が長い歴史のなかで発展してきたように、これからも発展していくものである。過去を振り返ると、男性優位な社会構造のなか、社会福祉の実践者といえども、それが社会福祉の思想と相容れないものであることを認識できず、加担してしまった面があるかもしれない。LGBTの人への偏見や排除なども、これまで十分に問われてこなかった。長く誤るなかで、ようやくどこかで誤りに気づき、思想の課題としてきたのである。

　「優生思想」という「思想」がある。これは、「優秀な人が増え、優秀でない人が減ることで社会が発展する」という考えである。その実現のために優秀でない人、具体的には障害者を減らすことが試みられた。日本では1948年に優生保護法という法律が制定され、この法律のもとで障害者が中絶を強いられたり、子どもが産めないように手術させられたりしてきた。ナチス政権下のドイツで、意図的に障害者を殺害したこともよく知られている。

優生思想は、人間の尊厳に差をつける、大きく誤った考えである。しかし、その誤りの重大さを受け止め、優生保護法が母体保護法という優生思想を含まない法律に改正されたのは1996年である。

　「自由」や「平等」に比べて、「共生」という考えは、新しく提起されたものである。この社会には、障害のある人、病気をかかえながら生きる人、日本以外の国籍を持つ人など多様な人たちが生きている。ともすれば、自分と同じ属性を持つ人を大事にして、違う人を排除することになりがちである。そうではなく、多様な人が生きていることを当然の前提として、お互いを尊重しつつ、ともによりよい社会を築いていくために助け合おうというのである。

　異質な人を排除して類似した人だけで社会を構成しても、決してその社会は暮らしやすい社会にはならない。そもそも、人はみんな違う存在である。年齢、性格、出身地、趣味や嗜好など、一人ひとりまるで違う。また、今は若くてもやがて高齢になるし、今は健康でもいつか病気になるかもしれない。異質な人を排除するということは、自分も異質と他の人々から判断されれば排除されるということでもある。それでは不安が蔓延するし、助け合うのではなく、分断される社会になってしまう。共生というのは、皆が幸せになっていくための必須の前提である。

　しかし、かつては類似した人だけで社会を構成しようとした時代がある。やがて共生の考え方を見出すようになり、今では社会福祉を創り上げる思想として認識されるようになった。

　社会福祉への関心は、こうした社会福祉の思想を育み、培ういとなみといってもよいであろう。もちろん、思想が思想だけで終わっていたのでは十分ではない。実現に向けて動くことが求められる。「社会福祉士の倫理綱領」では「人々をあらゆる差別、貧困、抑圧、排除、

暴力、環境破壊などから守り、包括的な社会をめざすよう努める」とも書かれている。社会福祉の思想を育むのは、一つの実践でもある。

第 2 節　社会福祉の理論

（1）社会福祉の本質をめぐる問い

　「社会福祉とは何か」という問いに、研究者が学問的に分析して答えようとしてきた。「社会福祉」と「社会福祉ではないもの」はどう違うのか。なぜ社会福祉が存在しているのか。社会福祉の本質とは何なのか。こうした疑問を明らかにしていく努力のなかで、さまざまな理論が生まれてきた。主なものをみていきたい。

　戦後長く議論されてきたのは、社会福祉を政策の面から捉えるのか、実践の技術から考えるのかということである。前者は「政策論」と呼ばれ、主な論者は孝橋正一である。主著は『社会事業の基本問題』である。同書の書名にもあるように、「社会福祉」という語を避けて、「社会事業」と用いている。

　孝橋によると、資本主義社会では「社会的諸問題」が発生する。「社会的諸問題」は「社会問題」と「社会的問題」に大別される。「社会問題」は基礎的・本質的問題であり、「社会政策」が対応する。「社会的問題」は関係的・派生的問題であり、「社会的問題」に対応するのが「社会事業」と考えた。そして、「社会事業」は「社会政策」に対して、「補充性・代替性」をもつというのである。

　技術論の主な論者は竹内愛二である。主著は『専門社会事業研究』である。竹内は、アメリカで発達したソーシャルワークを日本に紹介、

導入することに貢献した。竹内のほか、『ケースワーク』などの著書で知られる仲村優一も、この立場に分類できる。

　社会福祉の機能を分析して、固有の機能を明らかにしたのが岡村重夫である。主著は『社会福祉学（総論）』『社会福祉原論』である。岡村は「社会生活上の基本的要求」を示した。①経済的安定、②身体的・精神的健康、③職業の機会、④社会的共同の機会、⑤家族関係の安定、⑥教育の機会、⑦文化娯楽への参加である。「社会生活上の基本的要求」に対して社会制度が置かれるのであるが、社会制度は万全のものではないので、両者の間で不調和が生じる。そこを調整していくことに社会福祉の固有の機能があるとした。岡村はほかに、社会性、現実性、主体性、全体性の４つの原理を提示するなど、生活という視点から社会福祉を分析して、「岡村理論」と称される理論をつくり上げた。「岡村理論」は、理論構成の精緻さや独創性など魅力的な内容をもち、多くの研究者に大きな影響を与えた。

（2）新たなアプローチ

　こうして、政策論の立場と、技術論・固有論の立場で論争が交わされるようになった。それらに対し、「政策か技術か」という発想ではなく、統一的に捉えようとする「統合論」の立場が生まれた。主な論者は嶋田啓一郎や木田徹郎である。嶋田の主著は『社会福祉体系論―力動的統合理論への途』である。嶋田は、キリスト教の人格主義をベースにしつつも、人間生活の社会的な要素を重視した。

　一方、「政策論」の流れを受け継ぎつつ、「政策論」の弱点であった実践を理論の中に位置付け、社会福祉を生活権保障として捉える「運動論」という考えがあらわれた。主な論者は一番ヶ瀬康子、真田是、

高島進である。一番ヶ瀬と真田の共編著『社会福祉論』が主な著作である。

　「運動論」では、社会福祉を実現していくうえでの、生活権保障を要求する国民の要求運動を重視した。運動論が唱えられたのは高度経済成長を背景に労働運動や社会福祉運動が活性化した時期であり、国の社会福祉施策を広げていくうえで影響力をもった。

　このほか、独自の視点から社会福祉を分析した研究として、社会福祉の歴史研究で成果をあげた吉田久一（主著『現代社会事業史研究』など）、法学の立場から生存権保障として社会福祉を分析した小川政亮（主著『権利としての社会保障』）などを挙げることができる。

　1980年代になると、社会福祉運営を「経営」という発想から分析した「経営論」が三浦文夫によって提起された。三浦は社会福祉行政や社会福祉協議会などの民間活動について、「経営」という視点から分析した。それまでの理論に比べ、社会福祉の現実の動向を踏まえたもので、現場で社会福祉を担う人たちに強い影響を与えた。

　その後は、古川孝順が狭義の社会福祉と、社会福祉の関連領域を一体的に捉えるＬ字型社会福祉構造を示すなど理論研究を深化させた。京極髙宣は福祉政策─福祉経営─福祉臨床という三相（三層）構造を提起した。こうして、多様化する社会福祉を理論的に整理する試みが続けられている。

　これらの理論は、どれかだけが非常に正しくて、どれかが誤っているというものではない。その時代において、社会福祉の現実に向き合って、一貫した論理で社会福祉を説明すべく考察し、まとめられた成果である。

　提起されて時間の経過した理論は、今の社会福祉の実態にあてはめると、ずれている面があることも否定できない。それは誤りがあった

図2　古川孝順のL字型構造

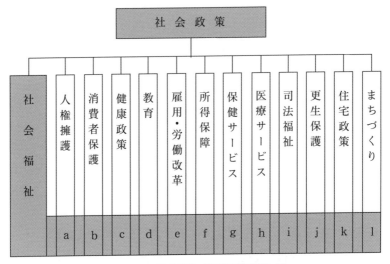

社 会 政 策

社 会 福 祉	人権擁護	消費者保護	健康政策	教育	雇用・労働改革	所得保障	保健サービス	医療サービス	司法福祉	更生保護	住宅政策	まちづくり
	a	b	c	d	e	f	g	h	i	j	k	l

（例示）
a　福祉サービス利用援助事業（権利擁護事業）等
b　サービス提供事業者による情報提供・苦情対応等
c　障害者スポーツ・高齢者スポーツ・介護予防事業等
d　各種障害児施設・学童保育・学校ソーシャルワーク
e　福祉雇用・作業所・授産施設・就労支援等
f　生活保護・児童扶養手当・各種の居住型施設等
g　乳幼児・妊産婦・老人保健サービス・保険ソーシャルワーク等
h　医療扶助・更生医療・育成医療・医療ソーシャルワーク等
i　青少年サービス・家事相談サービス等
j　更生保護相談・就労支援等
k　低所得者住宅・高齢者住宅・母子生活支援施設等
l　福祉のまちづくり事業等

出所：古川孝順『社会福祉研究の新地平』有斐閣、2008年、p. 3

というわけではない。その理論が生み出された時代の状況のなかで考えられものであるので、前提となる時代状況が変化したのである。

　後学の者としては、まずはそれぞれの理論の概要を把握して率直に学ぶことで、これからさらに変貌していく社会福祉を、的確にとらえることになるであろう。

図3　京極髙宣の三相（三層）構造

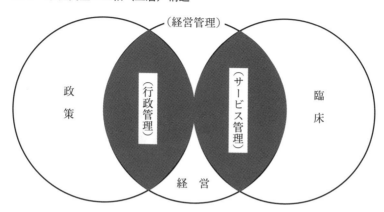

出所：京極髙宣『現代福祉学の再構築』ミネルヴァ書房、2020年、p.52

第3節　社会福祉の論点

（1）国家の役割

　社会福祉を考えるとき、社会福祉を分析する要素として議論すべき論点がある。それをどう理解したらよいのか、しばしば意見が分かれている。それらの論点についてみていきたい。

　まず、絶えず議論されてきたのは、国家の役割についてである。社会福祉について誰が責任を負うべきなのか、という問いに対して、国家であると考える立場がある。その立場では、社会福祉について基本的には国家が責任を負っており、国家以外の民間団体などが福祉活動を行っているのは、任意に参加しているにすぎないことになる。

　一方で国家に一定の役割があることは認めつつも、責任を負う主体はいくつもあって、国家がいくつかの主体の一つであるという立場も

ある。さらには、社会福祉は民間が担うべきであって国家の関与は最小限にとどめるべきだという考えもある。社会福祉における国家の役割について、さまざまな考えがあって議論されてきた。

　明治時代、国家は責任を負わず、民間人が施設を立ち上げて運営した。ただ、次第に国家による関与が広がっていく。第二次世界大戦後は、日本に限らず先進国では「福祉国家」を志向する動きが強まり、社会福祉の拡充が進んだ。そこでは、国家責任が強調された。また、憲法25条の2項では「国は、すべての生活部面について、社会福祉、社会保障及び公衆衛生の向上及び増進に努めなければならない」と規定されており、国家責任の根拠ともなった。憲法の条文を根拠として、国家責任を問う訴訟が朝日訴訟をはじめたびたび起きている。

　実際に、たくさんの社会福祉の法律が制定された。国家予算のなかでもかなりの部分を社会保障費が占めている。福祉事務所や児童相談所など公的に設置された社会福祉機関もある。生活保護は国家責任を明確にして運営される。社会福祉士などの国家資格も創設された。国家の関与が時代とともに大きくなったのは間違いない。現在では、国家抜きでの社会福祉というものは考えられない。

　しかし、国家だけが責任を負うべきかといえば、そうではないであろう。明治期に始まった民間の慈善事業は、その後ますます広がって、社会福祉施設は今でも、民間によって担われているものが多い。さらにNPOなど民間での社会福祉の担い手が広がっている。社会福祉の実態をみると、国家に主たる役割があり、民間が従属しているという見方では説明しきれない。個々の民間人に社会福祉を実施しなければならない責任があるわけではない。しかし、これだけ民間の活動が浸透しているなかでは、国家の役割も整理し直すことが求められる。

（2）公私関係

　社会福祉が担うべき課題のうち、ある部分を公的に対応し、ある部分を民間、すなわち私的に対応しているということになる。そうなると、どこかで、公的に対応する領域と私的に対応する領域を仕分けしておかないと、誰がどこまで責任を負うべきなのか不明確になって混乱しかねない。

　そこで長く、社会福祉の公私関係が問われてきた。「公」が中心になって担い「私」が補充的に担うとか、「公」が担う領域と「私」が担う領域があるとか、できる限り「私」が対応して「私」ではできない部分を「公」が担うとか、これもまた多様な考えがあった。

　この論点の議論で難しいのは、実際には「公」と「私」という2種類の主体があるわけではなく、入り組んでいるということである。たとえば、民生委員制度は、わが国が誇るべき地域福祉のシステムといってよいが、委員が一般の住民から選ばれるという点では「私」である。しかし、民生委員法という法律で規定されているうえ、厚生労働大臣から委嘱を受けるという点では「公」である。「公」と「私」の両方の要素をもっているのである。

　社会福祉施設はじめ、福祉サービスの供給において重要な役割を果たしているのは、社会福祉法人である。社会福祉法人は民間団体であるが、行政の認可を受け、遵守すべき法律の規定も多くある。民間だからといって自由に活動できるわけではない。

　介護保険制度を考えても、国が制度をつくり、市町村を保険者として運営するという点では「公」である。しかし、サービスを提供する事業者の大部分は民間であるうえ、サービスによっては営利企業の参入も認められているので、「私」である。

こうして見ると、現実の社会福祉は公私が入り組んで構成されていることがわかる。かつて、社会福祉は基本的には国家責任によって実施すべきとして、公的福祉重視の発想があった。一方で、それまで公的に供給されてきたサービスの民営化を推進する主張をする人のなかには、極力民間で対応すべきという意見もあった。

　しかし現状を踏まえれば、「公」か「私」かという単純な判断ではなく、その組み合わせやバランスを考えて制度を構築すべきである。今後も、公私関係を論点とした議論は続くことになるであろう。

（3）選別主義と普遍主義

　「選別主義と普遍主義」を論点とした議論も長く続いている。社会福祉はかつて、低所得者など特定の人に絞ってサービスを供給することが一般的であった。高所得者が福祉サービスを利用することは考えにくかった。こういう、福祉サービスの利用者について、ある要件に該当する人に限定する社会福祉のあり方を選別主義という。

　一方、所得の多寡などにかかわりなく、すべての人にサービスを提供する福祉サービスのあり方のことを普遍主義という。

　歴史の大きな流れとしては、選別主義から普遍主義に変容してきた。日本の戦後の歩みを考えた場合、戦後しばらくは、低所得者などのニーズは生死にかかわるほど非常に深刻であり、そこをまず優先しなければならなかった。また、国の財政状況の厳しさや社会福祉の人材養成の未整備など、サービス供給のシステムが細かったので、広くサービスを供給する余力もなかった。こうしたなかで、選別主義的な社会福祉として出発した。

　しかし、経済が発展するにつれ、全体としての所得水準は向上し、

低所得からくるニーズは以前よりも少なくなった。ところが、新たに深刻化した要介護高齢者問題は、所得や社会階層にかかわりなく、誰にでも起こりうる。介護サービスについて選別主義的発想をして低所得者に限定するのでは、社会福祉の役割を果たすことはできない。

　また、社会福祉機関・施設が整備され、広く多くの人たちにサービスを供給する体制が整ってきた。こうして、社会福祉は限定された人だけにサービスを供給するのではなく、誰にでも供給することが当然になってきた。普遍主義による社会福祉に移行したといえる。

　しかし、だからといって、選別主義の発想が誤っていたというわけではない。今なお困窮していて支援の緊急性の高い人もいる。こうした人を優先的に支援することは決して間違ったことではない。「選別主義と普遍主義」という議論は、社会福祉の全体像をとらえる視点としては有効である。しかし、どちらかが優れているということではない。

（4）保護と自立

　社会福祉において、かつて「保護」という用語がよく使われていた。たとえば、「児童保護」というような使い方である。生活保護は現在でも「保護」と使っている。つまり、社会福祉において、何らかの状況に置かれた人について「保護」するというのが、社会福祉の目的として意識されていたのである。

　「保護」というのは、そのままでは本来あるべき生活を維持できない人について、護るべき手立てを整えて、護っていくというイメージであろう。実態として、生活に困窮した人は自助で立ち直ることが困難であり、「保護」して助けることが急務であった。したがって、ある時期まで「保護」という意識で対応がなされたことは、やむを得ない

ことではあった。

　しかし、「保護」というと、援助者と利用者の関係が上下関係であるような印象がつきまとう。自らはしっかりしていて優れた者が、そうでない者を「保護」するというイメージである。しかも、その上下関係が固定しているように受け取れる。こういうイメージのなかで、障害者は温情を受けて生活する存在であるかのように見られ、障害者の主体性が軽視されることにもなった。優生保護法は、まさに「保護」という用語を用いつつ、障害者の人権を大きく侵害した悪しき事例である。

　「保護」にかわって、現在では「自立」が重視されるようになった。社会福祉の目的は、「保護」することではなく、その人の「自立」を支援することであるとされた。児童自立支援施設のように施設名称になったり、障害者自立支援法（現・障害者総合支援法）のように法律名に用いられたりしている。

　人間はみずから人生の選択をし生活を創っていくという、「自立」していく存在である。しかし、何かでつまずいたり、障害があるなど不利な状況があって「自立」できていない人がいる。その場合に、「自立」を支援していくことが大切なのである。

　かつての社会福祉が「保護」をめざすあまりに、サービス利用者の「自立」をむしろ阻害していたのではないかという反省もなされた。たとえば社会福祉施設で、生活上の細かなことまで決めてしまうと、入所者は自分で考えなくなり、「自立」への意欲が乏しくなってしまう。

　こうして「保護」ではなく、「自立」を支援することが社会福祉のめざすべき価値とされた。こうした変化の背景には、「保護」される側に位置づけられた立場からの異議申し立てがあった。「保護」が必要だとされた重度障害者が、「自立」した生活を実践しようとしたのが自立生活運動である。重度障害がありつつ、自ら介護体制をマネジメント

して、施設を出てひとり暮らしをしたり結婚したりして、「保護」されなくても生きていけることを、事実をもって示した。

　しかし、過剰に「自立」が強調されて、「自立」できていない人に否定的な眼差しが向けられるようになるとすれば、本末転倒であろう。たとえば、「ひきこもり」の人は、現時点では自立しているとはいえないかもしれない。そのため、「ひきこもり」の人に「怠けている」などの批判が投げかけられがちである。

　「ひきこもり」の人に、「すぐに就職して自分だけで社会生活をしろ」と言っても難しいであろう。段階を踏みつつ、社会との接点を増やしていくべきである。そのプロセスでは、むしろ援助者に依存していくことも必要である。

　ホームレスになっている人たちも、怠けているように誤解されがちだが、実はそうではない。どこかで「助けて」と言って支援と結びついていれば、ホームレスにまでなることはなかったであろう。「助けて」と言えなかった人たちなのである。誰もが「助けて」と言えることが、社会福祉にとって大切なことである。

　「依存」ということは一般的には、「自立」できない人が誰かの世話をあてにして暮らしていくようなイメージがある。しかし、社会福祉における「依存」は「自立」の反対語ではない。「自立」していくためにも依存が求められる。福祉サービスをなるべく用いないことが「自立」ではない。障害者が社会参加を実現し、自己実現を果たすには、福祉サービスに大いに「依存」していくべきである。

（5）自己選択・自己決定

　かつての社会福祉において、「パターナリズム」の発想があったこ

とは否めない。しかし現在では、「自己選択・自己決定」が重視されている。

パターナリズムとは、「温情的な権威者がいて、権威者は利用者にとって最善の選択をしてくれるので、権威者におまかせすればよい」という考え方である。医療がそのような発想であった。医師は患者のために最善を尽くす存在なので、医師にまかせていればいい、という発想になりがちであった。そこでは、たとえば手術をするかどうかを決めるのは医師であり、患者自身の選択権は軽視された。

社会福祉にあてはめれば、ソーシャルワーカーなどの援助者は、利用者のことを真剣に考え行動してくれるので、援助者にまかせておけばいい、ということになる。

しかし、現在では、社会福祉でも医療でも自己選択・自己決定が尊重されるようになった。人間はみずからのことを自分で決める権利があり、その権利は人間の尊厳にとって最優先される、という考えである。

社会福祉の歴史を振り返っても、ハンセン病者の強制隔離政策、障害者に中絶や断種を強要した優生保護法、障害者をもっぱら施設に入所させることを是としてきた施設中心の施策など、多くの誤りがあった。

これらは、障害者や病者から提唱して行われたことではない。援助者側がよかれと思ってやったことである。援助者側が当事者の真意を確かめないまま、決めていったのである。このように、当事者の自己選択・自己決定を軽視すると、重大な誤りにもつながる。社会福祉のめざすべき目的は、自己選択・自己決定であるといっても過言ではない。

ただ、実際の援助場面を考えると、認知症高齢者のような判断力が

低下した場合にどうするのか、という課題がある。判断力が低下したからといって、安易に自己決定の権利が軽んじられてはならない。残された判断力のなかで、自己決定が尊重されるべきである。

とはいえ、著しく判断力が低下した人に、なお決定を委ねるというのは、実際には自己決定したことにはなっていない。重い認知症の人が、その人のもつ高額な不動産の売買を持ちかけられて契約書にサインしたからといって、それが自己決定でないことは明らかである。したがって、成年後見制度が設けられ、そうした事態を防ぐ方策が用意されている。成年後見制度は、自己選択・自己決定を制約する制度ではなく、むしろ真の自己選択・自己決定を実現するために活用される制度である。

また、十分に判断力がある場合に、社会福祉の援助を拒否して、不健康な生活を続ける人は存在する。住民から「支援が必要な状態にある人がいる」との相談が社会福祉機関にあって訪問したところ、確かにすぐに支援すべき状態にありながら、本人が拒否するというケースは、日常的に起きている。

このように自己選択・自己決定の尊重がかならずしも本人にプラスになっていない場合もある。だからといって、パターナリズムを復活させていいわけではないので、自己選択・自己決定を実質的なものにしていくためには、今後も議論を重ねなければならない。

そのほか、論点は広がっている、社会福祉をめぐるジェンダーの問題、エンパワーメントなど深めるべき論点が数多くある。社会福祉のニーズが広がり、多様な生活課題に対応しなければならないなか、論点も多くなっているといえよう。私たちは社会福祉に関するこうした論点について、主体的に思考していくことが求められている。

【参考文献】

秋山智久（2016）『社会福祉の思想入門　なぜ「人」を助けるのか』ミネルヴァ書房

古川孝順（2019）『古川孝順社会福祉学著作選集』（全7巻）中央法規出版

加藤博史（2008）『福祉哲学―人権・生活世界・非暴力の統合思想』晃洋書房

京極髙宣（2020）『現代福祉学の再構築―古川孝順氏の「京極社会福祉学」批判に答える』ミネルヴァ書房

毎日新聞取材班（2019）『強制不妊　旧優生保護法を問う』毎日新聞社

齋藤純一編（2004）『福祉国家／社会的連帯の理由』ミネルヴァ書房

立岩真也（2020）『弱くある自由へ―自己決定・介護・生死の技術』青土社

第4章

社会問題と社会構造

第1節　現代における社会問題

（1）貧困の広がり

　社会福祉は、何らか解決を要する生活課題を前提としている。そうした生活課題は、単なる運不運で生じるものではない。個人に生活課題をもたらしてしまう社会問題が存在しているためである。その社会問題は、個人的な努力で解消できるものではないので、社会的に対応するしかない。

　そうした社会問題のなかでも歴史的に長く存在し、現在でも深刻なのが貧困である。人間らしい生活を維持するだけの所得がなく、衣食住について困難をかかえている状態である。現在の日本では、貧困の広がりが指摘されている。

　貧困について、日本が経済的に発展していくなかで、「日本には貧困は存在しない」という見方が広がっていた。確かに日本では、餓死とか、児童労働といった、諸外国でみられる厳しい実態がほとんどみられない。しかしそれは、貧困が存在しないことを意味するわけではない。

　貧困という場合に、「絶対的貧困」と「相対的貧困」という異なる捉え方がある。「絶対的貧困」とは、生きるか死ぬかという水準で判断する貧困である。生存さえ困難な生活水準であれば貧困と判断するが、それを上回っていれば、貧困ではないことになる。餓死さえ報告されている発展途上国における貧困は、「絶対的貧困」である。

　しかし現在の先進国では、貧困について「相対的貧困」で判断することが一般的である。「相対的貧困」とは、その社会には常識的な生活水準があり、それを下回っていれば貧困と判断するという捉え方である。

　たとえば現在の日本では、テレビや冷蔵庫のような電化製品を所有することは常識である。もし経済的理由でそうした製品が所有できないようであれば、貧困と考えるのである。日本で「絶対的貧困」がきわめて少ないことは確かであろう。しかし「相対的貧困」は、むしろ広がっていることが指摘されている。

　人間は生きていればいいという存在ではなく、文化的生活を営む存在である。社会として、ある水準の生活を獲得できている以上、その生活はすべての人に保障されるべきである。したがって、その水準を下回るのであれば貧困と考えるべきなのである。

図4　貧困率の年次推移

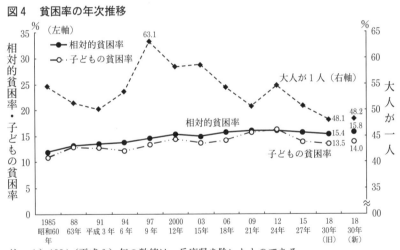

注：1）1994（平成6）年の数値は、兵庫県を除いたものである。
　　2）2015（平成27）年の数値は、熊本県を除いたものである。
　　3）2018（平成30）年の「新基準」は、2015年に改定されたOECDの所得定義の新たな基準で、従来の可処分所得から更に「自動車税・軽自動車税・自動車重量税」、「企業年金・個人年金等の掛金」及び「仕送り額」を差し引いたものである。
　　4）貧困率は、OECDの作成基準に基づいて算出している。
　　5）大人とは18歳以上の者、子どもとは17歳以下の者をいい、現役世帯とは世帯主が18歳以上65歳未満の世帯をいう。
　　6）等価可処分所得金額不詳の世帯員は除く。
出所：『2019年国民生活基礎調査の概況』厚生労働省、p.14

貧困であることがなぜよくないのであろうか。貧困は単に、生活が苦しくて必要な食料や物資が入手しにくい、というだけにとどまらない、さまざまな課題につながっていく。ある人が貧困であると、子どもに対して本を買うなどの教育環境を十分提供できない。子どもの学習は遅れがちになり、学力が獲得できずに成人する。学力が乏しいので、賃金の高い就職は実現せず、低賃金で不安定な職しかなく、子どもがまたも貧困に陥る。こうして、貧困が世代を超えて続く、いわゆる貧困の連鎖が指摘されている。

　貧困であれば、社会的な活動に参加することが難しくなる。何らかの社会的な行事に参加しようと思うと、それなりの費用がかかる。たとえば、親族の結婚式に呼ばれたら、服装を整え、祝儀を持参する。式場までの交通費もかかるであろう。そうした費用を支出できなければ、出席を見合わせることになる。こうして社交の場を避けていくと、人間関係が乏しくなって孤立していくことにもなる。

　貧困に対して、「働かなかったりお酒などに浪費したりしたためで、自己責任である」という主張がしばしば見られる。「自己責任なので、社会的に支援する必要はない」という考えにもなる。本当に、貧困を避けようとしなかった自己責任が、貧困の主な原因なのであろうか。

　働くといっても、働くことに何らかの不利がある人がいる。重い病気や障害があると、働けなくなる。本人は健康で働いていても、家族にそうした人がいると出費が増えてしまう。さらには介護をするために自分も働けなくなる状態に陥り、家族全体が貧困を強いられることにもなる。

　高齢になると、やはり働けなくなる。高齢期に備えて年金制度が用意されていて、貧困を予防しようとしている。しかし現行の年金制度は、最低生活を保障するには不十分な場合がある。

　1990年代のいわゆる就職氷河期の時代に学校を卒業した人のなかには、非正規としての職しか就けず、その後も正社員になる機会がなく、不安定な生活を続けている人も少なくない。このように、本人の努力ではどうにもならない状況のなかで貧困につながっていくのである。

　貧困に陥っている人のなかに、過度な飲酒をはじめ生活習慣上の課題をもつ人がいることは否定できない。しかしそれは、貧困の原因というより、結果である。生まれ育った家庭が貧困であったために生活体験を十分に積むことができなかったり、教育の機会に恵まれなかったりした結果として、生活習慣上の課題が生じてしまったのである。

　したがって、まず貧困は社会における非常に大きな問題であることを認識しなければならない。そして、解決へ向けての対策を行うことが大切である。解決には、現金給付のような緊急の対応もある。具体的には、生活保護法や、ひとり親家庭を対象とした児童扶養手当などである。しかし現金給付をするだけでは、貧困がなくなったことにはならない。真に貧困をなくすためには、貧困になる手前で防ぐことがより重要である。そのため、生活困窮者自立支援法が定められ、防止への対応がなされている。さらには、貧困につながるような、低賃金、不安定就労などへの対策や、病気・障害・高齢であることで貧困にならない制度上の配慮などを行うべきであろう。

（2）失業

　貧困の背景の一つが、失業である。多くの人は企業に雇用されることで所得を得て生活している。しかし、解雇されたり、企業が倒産したりして職を失うことがある。あるいは、就職活動をしても、どうしても就職に至らないこともある。新たに自営業を営むには、それなり

の資金が必要なので、職を失ったからといって自営業に転じるのは容易ではない。

　市場経済の社会では、景気の変動が避けられない。不景気になっていく局面では、企業の人員整理や倒産などで失業が発生する。それでも、20年以上前の日本では、解雇はあくまで最後の手段であり、雇用を守ることが企業の責務だとされてきた。失業のリスクは、現在と比べると小さかった。

　しかし、雇用への考えが変化した。正社員中心の雇用から、非正規雇用を広く是認するようになった。そのため、非正規雇用の人たちが、景気の後退期に真っ先に職を失うことにもなった。また「企業には雇用を守る責務は大きくなく、解雇をしてもよい」という発想が広がってきた。そのため、正社員であっても、解雇の可能性からは逃れられなくなっている。相対的に賃金が高い中高年の社員などが解雇の対象になりやすい。解雇後の再就職は厳しいのが現実である。

　経済情勢の変化で、世界的な大企業だからといって経営が安定しているとは限らなくなった。著名な企業の経営危機のニュースを見ても、誰も驚かなくなっている。かつて、著名な企業の正社員であれば一生安泰のように思われていたが、そうとはいえない。経営危機に陥った企業は、何らか従業員を減らす対応をするし、最悪の場合は倒産する。そうなると企業規模が大きいだけに、一気にたくさんの人が職を失うことになる。

　景気や企業経営に問題がなくても、雇用されている個人の事情で退職せざるを得ない場合もある。たとえば、高齢の親が要介護になり、介護できるのが自分しかいないのでやむなく退職するといったケースである。その場合、親の死亡により再就職が可能になったとしても、すでに50歳を超えるような年齢になっていることや、履歴にブランク

があることがネックになって、なかなか職が見つからない。

　失業に備えて雇用保険制度が用意されていて、失業した人への給付が行われる。したがって会社が倒産したからといって、たちまち生活に困窮するわけではない。しかし、雇用保険による給付は、期間が限定されているなど、失業による生活困難への備えとしては十分ではない。

　日本では、新卒一括採用、終身雇用という雇用慣行がある。そのため、学校を卒業した後の中途採用に困難があったり、中高年の人の就職が若年者に比べて非常に不利になるなど、就職しにくい状況がある。就職できない状態に陥ると、脱することができなくなる。こうした現実のなかで、失業は、深刻な社会問題になりやすい。

　失業は、市場経済のもとでは完全になくすことは不可能であろう。しかし、正規雇用を増やすなど、就職しやすく失業しにくい雇用環境にしていくこと、また失業した後の再就職への支援がしっかりなされることなど、とるべき対策はいくつもある。

（3）孤立

　現代では、人びとが社会的に孤立しやすくなっている。かつては地域住民同士で何らかのつながりをもって生活していた。住民同士は顔見知りであり、互いに情報交換をしたり、困ったときには助け合ったりした。

　そのつながりのなかで、プライバシーが保持できず、ときとして「村八分」といわれるような地域内での集団的な嫌がらせに結びつく危険性もあった。そういう負の面があったことを軽視することはできないが、つながりのなかで生活困難を乗り越えることができたのも確

かである。つながっていたのは、生活を営むうえで個人的にすべてを
完結できず、助け合うことが求められたからである。

　しかし現代社会では、大部分のモノやサービスをお金で入手できる
ようになった。情報も、手元の情報機器で容易に把握できる。さしあ
たり、人の助けを借りなくても、生活が成り立つようになった。便利
になった反面、近隣の人たちとつながりをもたなくても、とりあえず
困らない。お互いの関心が薄れてしまい、状況もわからないので、隣
人に困ったことが起きていても気づかないし、自分が困ったときに助
けを求めることができない。

　そうした孤立しやすい社会の典型的な問題が、長期間、自宅ないし
自宅の周囲に行動が限られる、ひきこもりである。当初は青少年特有
の問題のように捉えられていたが、年齢にかかわりなく広がっている
ことが明らかとなってきた。「8050問題」といわれる、80歳の親に50歳
の子どもが依存して生活しているケースも少なくない。ひきこもりに
ついて、本人の怠けが原因であるかのように批判が起きることがある。
そうではなく、孤立しやすい社会のなかでの現象と考えるべきである。

　孤独死（あるいは孤立死）と呼ばれる死をむかえる人がいるのも、孤
立した現在の実態を示している。孤独死とは、自宅で死去したことを
周囲の人が誰も気づかず、ある程度の時間が経過した後、死体の腐乱
による悪臭や虫の繁殖などでようやく発見される死である。「本人は
死亡して苦痛があるわけではないのでたいした問題ではない」という
意見も見られるが、誰にも悲しまれず、遺体が腐乱しているような死
が、人間の尊厳にふさわしい死とはいえないであろう。何より、死去
しているのに、周囲の人が誰も気づかないという、孤立した人間関係
だったことが大きな問題である。

　また、無縁死の広がりが指摘されている。無縁死とは、死去につい

ては孤独死と違って、近所の人や会社の同僚に看取られて、平穏であったとしても、遺体を引き取って葬儀をする親族がいない、あるいは見つかってもその親族が遺体の引き取りを拒否するのである。一見、ごく普通の社会生活を営んでいても親族がもともといないか、いても関係がすっかり切れているのである。

　こうして、人とのつながりがしっかりもてないまま暮らす人が大勢いるのが、現実である。

（4）依存

　生きづらい要因の多い現代社会では、その要因の解決を個人で実現することは困難である。そのため、一時的な不安の解消のために何らかのものに依存して依存症になってしまうことがある。アルコール依存、ギャンブル依存、薬物依存などである。アルコールやギャンブルは、合法的に広く存在している。悩み事が特になくても、飲酒したりギャンブルを行うことは、趣味や嗜好としてしばしば行われる。とりわけ酒は日常生活や社交の場で、ごく普通のこととして飲まれるので、依存するつもりはなく接していく。しかし、やがて酒やギャンブルをコントロールできなくなり、依存症と呼ばれる状況になる。

　薬物は違法であるので、本来は使用してはならない。それにもかかわらず使用してしまったこと自体は、本人の責任もあるだろう。しかし、本人が悪い、ということで片づくことではない。現在では、インターネットでの入手など、以前と比べて薬物へのアクセスが容易になってしまっている。かつては薬物への接近を戒める行政からの啓発がそれなりに効果的であったであろう。しかし現在では、インターネットやSNSなどで薬物を是認する言説も流れていて、惑わされる人も

出てくる。

　かつて、何かに依存してしまうことが疾病であるという認識が乏しかった。そのため、お酒やギャンブルをやめられない人について、道徳心や自制心の欠けた人として評価されがちであった。したがって、支援の必要な人と認識されず、まわりに迷惑をかける困った人と捉えられた。現在でも、そのように考えてしまう人が少なくないであろう。

　しかし、こうした依存症になってしまうと、個人の心がけや努力だけで脱出することができないことは明らかである。医療による対応が欠かせないのである。

　しかし、医療にまかせておけばいいことではない。そもそも依存症になった人自身は必ずしも自分の課題を認識できておらず、医療機関に結びつきにくい。したがって、医療機関にむすびつける働きかけが求められる。

　また、医療は大切ではあるけれども、医療だけで簡単に治癒できるものでもない。地域で生活しながら、長い期間粘り強く向き合わねばならない。したがって、地域でその人が受け入れられ、ともに向き合っていくことが求められる。ところが、「迷惑をかける困った人」あるいは薬物については「犯罪者」というイメージがあるため、地域から排除され、自立した生活の実現が妨げられることがある。

　依存症になってしまった人への個別の対処だけでなく、そもそも何が依存をもたらしているのかを考えなければならない。現代社会には個人に与えるさまざまなストレスがある。本来なら、ストレスを与えている要因を明らかにして、その要因を取り除くべきである。たとえば、長時間労働のために、その疲れを紛らわすために飲酒する場合、長時間労働自体を取り除くべきなのである。

　個人を苦しめている要因を個人で解決するよう迫られるので、結局

何かに依存することになる。個人で解決できない課題は、個人で解決するのではなく、社会で引き受けるようにする、ということでなければ、根本的に解決することにはならないであろう。

（5）自殺（自死）

　人生に追い詰められた人が選択する最悪の結果が、自殺（自死）である。自殺には、本人にしかわからない動機がある。ぜひ自殺したい、という人はいない。誰しも自殺を避けようと尽力したはずであるが、解決策が見出せず、自殺に追い込まれたのである。したがって、第三者が安易にその人が自殺した理由を決め付けることはできない。それでも強いて理由を挙げると、本人または家族の病気、経済的な行き詰まり、人間関係、仕事上の悩み、将来への不安などである。また、うつ病など精神的な疾患のなかで自殺してしまうことがある。

　自殺は避けるべき行動だからとして、自殺した人を責める発想が少なくない。殺人の一つだと解釈して、犯罪視するのである。確かに自分の命は大切にすべきだし、自殺は本人の不利益にとどまらず、周囲の人も「私のせいで死んだのでは」と考えて苦しむことになる。だからといって、自殺を犯罪視する発想は、自殺を防止することにはまったくならないし、まして周囲の人の苦しみはいっそう深まるだけである。

　犯罪視する発想は、きっぱりと断ち切るべきである。なぜ自殺に追い込まれたのか。その人の立場でしっかり考えていくことが、防止にもつながってくる。

　自殺について、「いのちの電話」という、ボランティアによる電話相談によって自殺を考えている人の悩みに対応する民間の取り組みな

ど、防止への対策はなされていた。2006年に自殺対策基本法が制定されて、さらに公私の取り組みが強められた。そのため、一時期年間3万人を超えていた日本の自殺は減少してきた。それでもなお自ら死を選ぶ人が後を絶たず、問題が緩和されたとはとうていいえない。

（6）虐待

　児童虐待、高齢者虐待、障害者虐待、あるいはドメスティック・バイオレンス（DV）など、家庭内で暴力が行使されるケースが数多く起きている。命が奪われることも少なくない。

　虐待が始まると、家庭内でのことなので被害者にとって逃げ場がない。また、被害者からすれば、告発することは家族を告発することになるので、簡単に外部に訴え出ることが難しい。外部からすれば、何らか異常を察知しても、家庭内のことなので、介入することが簡単でない。そうした事情のなかで、長期にわたって虐待が続くことにもなる。

　虐待というと、すぐに思い浮かぶのは、殴る蹴るといった暴力である。それが虐待であることはいうまでもない。しかし、殴る蹴るだけが虐待ではない。児童、高齢者、障害者にそれぞれ虐待防止法が制定されている。そこでは、身体的虐待、心理的虐待、性的虐待、ネグレクト、経済的虐待を虐待としている。

　身体的虐待以外の虐待は、身体状況から判断できないので、外部の者が発見することが困難である。そのため長期的に続いて、発見されたときは、被害の状況が非常に深刻になっていることがある。

　虐待は、本来は愛情で形成され安らぎの場であるはずの家庭が、逆に地獄ともいうべき苦しみの場になるので、被害者の苦痛は計り知れない。また、発見されないまま時間が経過し、死に至ることさえ少な

くない。発見されて虐待が止まっても、被害者が受けた心身の傷は容易に癒えるものではない。

　虐待はきわめて深刻な結果をもたらすものであり、根絶へ向けての取り組みが重要である。しかし、加害者を責めたてれば解決するわけではない。加害者に重罰を与えて解決するのなら、簡単な話である。

　確かに、状況によっては刑事事件として司法的な処理をするべきであろう。しかし、虐待する側も虐待せざるをえなかった状況に追い込まれたという面がある。たとえば、高齢者虐待の場合、長い期間に及ぶ介護のなかで疲労が蓄積していく。いつまで続くのか見通しもなく、介護している高齢者の症状は悪化して、より介護が重いものになっていく。やがて、小さなことでいらいらして殴ったり、食事を与えないなどのネグレクトになる。将来への展望がないなかで、虐待がエスカレートしていく。

　加害者＝悪人、ということで見てしまうのではなく、虐待の内実を把握して、個々のケースでの適切な支援をしていくべきなのである。

　被害者をまず支援することは当然であるし、暴力をふるうことはどんな場合でも是認できない。しかし虐待が生じた背景まで含めて考えていかないと根絶することはできない。したがって、障害者と高齢者の虐待防止法では法律名称にも「養護者に対する支援」が盛り込まれている。

（7）ホームレス

　ホームレスとは、ホームレスの自立の支援等に関する特別措置法（ホームレス自立支援法）第2条の定義では「都市公園、河川、道路、駅舎その他の施設を故なく起居の場所とし、日常生活を営んでいる者をいう」としている。この定義は狭義のホームレスといえる。ホーム

レスについて、道路や公園で見かける住居のない人、というイメージがあり、法の定義もそのイメージにそっている。

狭義のホームレスの人は置かれた実態が深刻であり、支援が急がれる。しかし、それ以外にも、広義のホームレスと呼ぶべき人が少なくない。インターネットカフェなどの24時間営業していて、ある一定の場所を占有できる場を常時使用して事実上そこが住居になっている人たちの存在が指摘され「ネットカフェ難民」と呼ばれている。

住居がないため、24時間営業の飲食店で夜間の時間を過ごしている人の存在も報告されている。あるいは、定住しておらず知人宅を転々としている人もいる。

なぜ、ホームレスの状態になるのか。さまざまな理由が絡んでいる。住居を借りるだけの所得がないということでは失業と重なる。失業によって所得を失い、家賃を払えなくなる。また、新たに借りようと思っても失業状態だと社会的信用を得られず、貸してもらえない。住居を提供してくれる親族がいないということでもあるので、孤立と重なっている。日本の住宅政策が「持ち家政策」といわれる、自宅購入を推進することに重きがあり、公営住宅が不十分で困窮した人を十分に受け入れられない問題も背後にはある。

ホームレスについて、勤労していない外見だけ見て、怠惰の結果のように捉えられることがあるが、大きな誤解である。福祉サービスなどの利用を避けて、自分で何とかしようとしたことが結果的にホームレスになってしまったのである。

国では2002年にホームレス自立支援法を制定して、積極的な対策に乗り出した。生活困窮者自立支援法でも、住宅維持の対策が盛り込まれている。こうした対策の効果もあって、狭義のホームレスについては一時期よりも減少傾向にある。しかし、ネットカフェ難民などの実

態が見えない人たちがなお多いように思われる。住居は人間らしい生活の基本であるので、住宅のない人がいる限り、しっかりした対応が欠かせない。

（8）偏見や差別

　偏見や差別が広く社会に存在している。何らかの属性を根拠として、人間として劣っているかのように決めつけるのである。否定的印象を一方的にもつだけにとどまらず、就職などで不利に扱う、当事者の結婚が妨げられるなど、具体的な被害が発生することもある。

　これまで、前近代の身分差別を継承した被差別部落、日本に住む外国人、障害者、病気をかかえて生きる人などが偏見や差別の対象になってきた。ハンセン病者への強制隔離政策では、必要なく病者を離島などの不便な場所に立地した療養所に隔離し、しかも療養所内で非人間的に扱った。障害者にはさまざまな差別があったが、なかでも優生保護法と称する法律の下で、強制不妊手術や中絶があり、文字通り命が奪われたことが問われている。

　LGBTと称される性的少数者への偏見は、人間には男と女だけが存在するという思い込みのなかで、社会に偏見が広がっていること自体が見過ごされてきた。当事者が性的指向を自ら選択したわけではないのに、あたかも不道徳で反社会的であるかのように責められることさえあった。ようやく近年になって、長年にわたる不当な偏見について反省されるようになってきた。

　偏見の対象として、犯罪によって有罪となり刑期を終え刑務所から出所してきた人を危険視するものがある。無差別殺人のようにとうてい是認できない悪質な犯罪があることも確かである。性犯罪のような

被害者に生涯消えない深刻な傷を負わせる犯罪もある。いかなる理由があっても、犯罪とされる行為は避けなければならないし、法を犯した人に対して法律に基づいて処罰するのは、当然のことである。

しかし、刑務所から出てきた人を一律に危険視するのは正当とはいえない。すでに裁判で下された刑期を終えたのである。

窃盗などの犯罪を繰り返す人のなかに、累犯障害者と呼ばれる障害者がいる。かつて、単なる犯罪常習者であるように認識されがちであった。しかし、実際には犯罪への志向性が高いわけではなく、みずから社会復帰していく力が不十分であったり、社会とのつながりが欠けているために更生が妨げられたにすぎない。

出所者を危険視する背景に、犯罪が増加しているという誤った見方がある。マスコミやネット等で誤った情報が流布して、そうした印象を与えているのであろうが、殺人などの凶悪事件はかつてと比べてかなり減少している。「犯罪者により生活が脅かされている」といった実態は、大きく緩和されているのである。もちろん犯罪を減少させるために尽力すべきであるが、出所者を危険視することでは、何も前進しない。

（9）社会的排除

ここでは例示的に課題を取り上げたのであり、このほかにも生活が脅かされている人が大勢いるであろう。ヴァルネラビリティと呼ばれている、特に傷つきやすい人が多く存在している。社会の現実のなかでは、これまでに述べたような人たちについて、社会の一員として包摂し支えていくのではなく、邪魔な存在として排除していくという状況になりがちである。社会的排除という問題である。

　今の社会では、ハンセン病者の強制隔離のような物理的に違う場所に追いやるということはしていないかもしれない。しかし、実際には社会の一員として尊重していくという姿勢でかかわるのではなく、何らか社会的な不利益を与えてしまうのである。

　こうして排除される人がいる一方では、経済的に恵まれ、能力的にも秀でていて、社会で成功していく人がいる。成功した人がもてはやされ、傷つきやすい人が社会の邪魔であるかのように思われるのは、われわれがめざすべき社会ではない。

　成功者が社会を豊かにしてくれているのは確かであり、成功者が成功していくこと自体は喜ばしい。問題なのは、成功者と、ヴァルネラビリティと呼ばれるような人について、人間としての価値に差があるかのように捉えられ、もともと不利な立場の人の生活がいっそう苦しめられることである。

　そうではなく、すべての人が価値ある存在として尊重される社会になるべきであり、そのためにすべての人が協力し合える社会こそめざすべき姿であろう。

　現実には、現代社会は多様な課題が噴出している社会でもある。理想を見据えつつも、まずは、社会福祉による支援を重ねて個々の課題を解決していくことが重要である。

第2節　社会問題の構造的背景

（1）社会問題の現実

　さまざまな社会問題には、それを生み出している構造的な問題があ

る。わが国の経済は1990年代初頭、いわゆるバブル経済の崩壊によって、厳しい状況に陥った。21世紀に入っても2008年のリーマンショック、2011年の東日本大震災、2020年の新型コロナウイルスによる感染拡大など、経済に打撃になることが繰り返された。

　わが国は1950年代後半から70年代初頭にかけて、高度経済成長と呼ばれる、急激な経済成長を果たした。その後成長が鈍化したとはいえ、引き続き安定的な成長を果たし、1980年代の終わりには、バブル経済といわれる、景気の異常なほどの盛り上がりを見せた。こういう時代では、成長していく経済を前提として社会福祉を進めることができた。しかし、1990年代以降の経済の伸びは小さいものになった。経済の拡大を前提とした施策は進められなくなっている。

　一方では、グローバル化といわれる変化が起きた。わが国は島国ということもあって、かつては外国からの影響が比較的少なかった。たとえば、欧米では移民が多く入ってくるのは当たり前のことであったが、日本ではそれほどのことはなかった。しかし、航空機が行き交い、また情報が瞬時に世界中に伝わる時代になって、日本も外国からの強い影響は避けられなくなった。国内の企業同士の競争が中心だったものが、世界中の企業が競争相手になった。海外には、わが国に比べて賃金や物価水準の低い国が多くあるので、そうした国で生産される商品との競争力を失った。

　また、日本国内に拠点を置いて生活する外国人も珍しくなくなった。こうした変化は多文化に触れることができたり、日本人が気軽に海外旅行に行けるようになるなど、好ましい面も多くあった。しかし、経済という点で見ると、厳しい状況を生むことになった。日本企業は生産拠点を海外に移し、国内では非正規雇用を増やした。全体としてみると、私たちの生活条件を厳しくする方向に作用した面が強い。

　少子高齢化が進んでいることも、高齢期の貧困、要介護などの広がりにつながっている。人口も減少してきた。人口減少という場合、少子化によって日本という国全体で人口が減っていくという問題と、地方から都市への人口移動にともなって、地方での人口減少が大きくなっているという2つの問題が進行している。

　前者では、モノを買う人が減るということなので、国の経済の衰退にもなる。労働力の減少も心配されている。外国人の移民を進めることで補うという意見があり、事実日本に住む外国人が増えてはいるが、外国人をどう受け入れるかについて、社会的な合意が形成されてはいない。

　後者では地方での人口減少が著しく、このままでは消滅する自治体があらわれるという厳しい指摘さえ出ている。人口減少が進行すると、地域の社会インフラが維持できなくなったり、商業機能が衰退して、住みにくくなり、ますます人が離れていくという悪循環に陥る。

　グローバル化のなかで、少子高齢化が進行し人口が減るのであるから、ますます経済的には不安定になっている。こうして国民の間に格差が広がっていった。日本はこれまで「総中流社会」といわれてきた。実際がどうであったかは別として、国民の意識としては、大部分の国民が一定の生活水準を維持して、格差の少ない社会だと思われていた。国民の不公平感も少なかったといってよい。

　ところが国民の間で、高所得で地位の安定した階層と、低所得で不安定な立場にある階層とで格差があり、しかも格差がさらに広がり、かつ固定化していると指摘されている。大企業の正社員などは、高レベルで安定した生活ができている。賃金は高く、自宅などの資産も保有している。貯蓄が多く年金額も高いので、高齢期になって退職した後の生活も保障されている。

一方、不安定就労の人やひとり親家庭などでは、所得が低く、その所得も不景気になるとさらに下がるか、最悪の場合は職を失ってしまう。ぎりぎりの生活をしているので貯蓄ができるはずもない。年金額も少なく、高齢期になるとわずかな年金だけを頼りに暮らすので、病気や要介護になれば、もはや生活が破綻する。日々の生活も、将来も不安を抱えながら暮らすほかない。

　こうして格差があるばかりか、生活困難を抱えた人がそこから脱出することが困難になっている。脱出するためには、大学に進学して大企業などに就職するか、医師のような有力な資格を取得するのが確実であろう。しかしそのためには、それなりの出費が欠かせない。結局、安定した階層の人びとはそこから脱落することは少なく、不安定な階層の人びとが上昇していくことは難しい。階層が固定化しているのである。

　こうしたなかでは、不安定な階層の人びとは将来に希望をもつことができない。どうしても殺伐とした気分になり、暴力によって目先の課題を緩和しようとする者もあらわれる。児童虐待やドメスティック・バイオレンスは、個々のケースはそれぞれの理由や経緯があるので個別化して対処すべきであるが、全体としてみればこうした社会の動向と無縁ではない。

（2）思想的な背景

　本来なら、国が介入して、こうした格差を是正することが望まれる。あるいは、国民のなかから、是正を求める声が湧きあがってくることがあってよいように思える。しかし、今日の社会は、格差を是認する方向に進んできたのが実態である。

　1980年代以降、新自由主義という考え方が政策決定に大きな影響を
与えている。それまでは、福祉国家という考え方が特にヨーロッパで
は主流であった。福祉国家とは、国家の目的を国民の福祉の実現にお
く国家である。この考え方のもとで、各国は社会保障制度を整備して
いった。日本も、福祉国家の手本とされる北欧諸国ほどではないけれ
ども、国民皆保険皆年金などの施策を進めており、福祉国家を志向し
ていたといえよう。

　しかし、福祉国家には限界や弊害もあった。社会保障の財源のため
に税や社会保険料を国民からより多く徴収することになるので、不満
に感じる国民もいる。社会保障給付のために、多数の公務員を雇用す
ることになる。公共投資が行われ、財政支出もふくらみ、「大きい政府」
になる。「大きい政府」になると、政府の意思決定も遅れるし、税金の
無駄が目立つようになる。社会保障給付が充実すると、一部で給付に
依存する人が現れてしまい、勤労意欲の低下につながる。

　二度のオイルショック以降、先進各国は財政が厳しくなったり、経
済が低調になった。その原因は福祉国家政策にあるとして批判し、国
による経済や国民生活への介入は最小限にすべきとする考えが広がっ
た。それが新自由主義である。

　新自由主義においては、社会保障を削減する一方、富裕層や大企業
への減税が行われる。自由競争が奨励され、自由な経済活動によって
経済が活性化する。経済の活性化や富裕層のさらなる富裕化は、低所
得者にも利益をもたらし、結果的に皆が潤うことになるというのであ
る（トリクルダウン）。

　しかし現実には、自由競争というが、真に公平な競争になっている
であろうか。たとえば大学入試は一見公平に実施されているように見
えるが、実際には公平ではない。貧困家庭で育った人は、塾や予備校

を利用することができず、不利になってしまう。社会には現実には、外国人への差別、女性差別など、何らの属性をもった人への差別があるので、ビジネスに参入するときも、何かと不利になるのである。

　こうして競争への参加に有利な人と不利な人がいるので、有利な人が競争に勝ってより裕福になり、不利な人は負けてより貧困になっていく現象が起きる。しかし、新自由主義ではそういう現実を是正しようとはしない。結果、社会的不公平が放置される一方で、経済的な競争での勝者と敗者の格差が拡大される結果になっている。

　もちろん、冷たい考え方ばかりが広がっているわけではない。社会連帯を求める考え、「絆」を大切にしようとする考えなど、助け合いを重視する発想をもつ人も少なくない。考えるだけではなく、NPOによる非営利活動によって、個々の問題を解決しようと努力している人たちも大勢いる。災害が発生すると、大勢の人がボランティアとして、復興活動に無償で参加している。

　そのような活動によってかろうじて、生活上の課題が緩和されている。しかし、全体としてみれば、不利な立場に追い込まれている人たちが存在することは明らかであろう。

第3節　福祉政策の動向

（1）地域包括ケアシステム

　福祉政策において、第1節で述べた生活上の問題を、まるで放置しているわけではない。これらの問題を解決し、さらにより安心して生活できる社会をめざしていく体制づくりが行われている。

図5　地域包括ケアシステム

○　団塊の世代が75以上となる2025年を目途に、重度な要介護状態となっても住み慣れた地域で自分らしい暮らしを人生の最後まで続けることができるよう、住まい・医療・介護・予防・生活支援が一体的に提供される地域包括ケアシステムの構築を実現していきます。
○　今後、認知症高齢者の増加が見込まれることから、認知症高齢者の地域での生活を支えるためにも、地域包括ケアシステムの構築が重要です。
○　人口が横ばいで75歳以上人口が急増する大都市部、75歳以上人口の増加は緩やかだが人口は減少する町村部等、高齢化の進展状況には大きな地域差が生じています。
　地域包括ケアシステムは、保険者である市町村や都道府県が、地域の自主性や主体性に基づき、地域の特性に応じて作り上げていくことが必要です。

出所：厚生労働省HP内「地域包括ケアシステム」

　その一つとして、地域包括ケアシステムが提起されている。地域包括ケアシステムとは、「重度な要介護状態になっても住み慣れた地域で自分らしい暮らしを人生の最後まで続けることができるよう、住まい・医療・介護・予防・生活支援が一体的に提供されるシステム」のことである。市町村や都道府県が地域の主体性や自主性に基づいてつくり上げることとされている。

　介護、医療、住まい、予防、生活支援という視点から対応を考えていく。実現していくためには、医療と介護の連携や、生活支援サービスの充実と高齢者の社会参加も必要である。今後さらに進行していく高齢社会に対して、医療・看護、介護・リハビリテーション、保健・福祉の力を動員して、一人ひとりのニーズに対応していく策である。日本中で理想的な形で実現することは困難かもしれないが、多様な社会資源を動員して、地域で安心して暮らせる体制を、住民の主体性に

よってめざすことに意義がある。

（2）地域共生社会

　地域共生社会が今後のめざすべき社会の方向として提起されている。地域共生社会とは「制度・分野ごとの縦割りや、支え手、受け手という関係を超えて、地域住民や地域の多様な主体が、『我が事』として参画し、人と人、人と資源が世代や分野を超えて『丸ごと』つながることで、住民一人ひとりの暮らしと生きがい、地域をともに創っていく社会」（厚生労働省「我が事・丸ごと」地域共生社会実現本部）ということである。

　従来の公的サービスが、児童のことは児童の担当部局、高齢者のことは高齢者の担当部局というように、いわゆる「縦割り」になっていたものを改め、分野をまたがる総合的なサービスとすること、住民が主体的に支え合うことを育み、暮らしに安心感と生きがいを生み出すことなどを方向性としている。そして、地域課題の解決力の強化や地域のつながりの強化を図るというのである。

　すなわち、地域のつながりによって、地域で生じる生活課題を住民が解決していける、しかしそれは住民が何もかも背負うということではなく、地域の社会資源や専門職の力を活用していくのである。

（3）多文化共生

　多文化共生が強調されている。多様な文化が存在していることを認め、そこには優劣はなく、お互いに尊重していくべきことである。日本ではこれまで、均質な文化が尊ばれる傾向にあった。日本の伝統と

される習慣、宗教、風習などが当然視されて、それと合致しない人がいると、排除しようとしてきた。

　もちろん日本の伝統や文化はすばらしいもので、大いに誇りに感じてよい。しかし、世界中には多様な文化が存在していて、人々はそれぞれその文化のなかで生きている。近年の日本では、外国人が全国各地に居住するようになってきた。外国人は、母国の文化をもって来日している。その人たちに日本の文化を強要して、受け入れた人だけ認めるというのでは、グローバル社会に対応することはできない。お互いに尊重し合い、ともによりよい社会を築くことが期待される。

　それは、日本国内に限ったことではない。グローバル化のなかで、世界各地で異文化が触れ合うようになった。世界史のなかでは、異文化が接触したときに、衝突して民族紛争になったり、戦争に繋がったりしたことさえある。現代社会では、異文化が触れ合うのが普通の状態である。違いを見つけて排除するのではなく、尊重することでむしろ自分の文化の価値が認識され、それぞれが発展していくことができる。

　文化のなかには、男性優位な構造、非科学的な習慣など、是認できない部分があるかもしれない。そういうことがあった場合も、劣った文化だとして責めてみても何の解決にもならない。対話によって解決の方法を探ることが望まれる。

（4）持続可能性

　国際的にはSDGs（持続可能な開発目標）が、2015年の国連サミットで採択された「持続可能な開発のために2030アジェンダ」で、持続可能な社会のために、2030年までに達成すべき世界共通の目標である。

そこで示された目標のなかに「貧困をなくす」「飢餓をゼロに」「人々に保健と福祉を」「質の高い教育をみんなに」といった社会福祉に関連する課題も多く並んでいる。

目標をより具体的に示したのがターゲットである。そこでは、貧困について「2030年までに、現在1日1.25ドル未満で生活する人々と定義されている極度の貧困をあらゆる場所で終らせる」など、きわめて明確に何をめざすのかが示されている。日本としては、こうした国際的な目標の実現に対し、責任をしっかりもって貢献していかなければならない。

しかし、国内の持続可能ということを考えてみると、不安なことが少なくない。社会保障制度は、本来なら安心の保障のためにあるのだが、逆に不安の材料になっている。

わが国の社会保障制度について、「将来、年金が受け取れなくなるのではないか」「介護崩壊が起きるのではないか」といった不安が国民の間に広がっているのは否めない。こうした不安を取り除くためには、長期的な見通しを示さなければならない。また、目先の利益にとらわれてしまうことを避ける必要がある。たとえば財源からみて過剰な給付を行うと、そのときは歓迎されるかもしれないが、長期的な持続を困難にするかもしれないのである。

以上のように、社会的な課題の発生に対応して、いくつかの福祉政策が立案されてきている。福祉政策を受身で考えずに、自分の課題としてその推進にどう向き合うかを考えるべきであろう。たとえば、多文化共生は、誰かがやってくれることではなく、自分自身の生き方の問題でもある。また、ここに取り上げた福祉政策だけを実施していればいいのではなく、これからも新たな福祉政策が求められていくであろう。新たに求められる福祉政策を提言していく姿勢を、一人ひとり

がもつべきである。

【参考文献】

岩田正美（2008）『社会的排除　参加の欠如・不確かな帰属』有斐閣

木原活信・引土絵未編（2015）『自殺をケアするということ　「弱さ」へのまなざしからみえるもの』ミネルヴァ書房

二宮厚美（2012）『新自由主義からの脱出―グローバル化のなかの新自由主義 vs.新福祉国家』新日本出版社

斎藤環・畠中雅子（2020）『新版　ひきこもりのライフプラン』岩波ブックレット

湯浅誠（2008）『反貧困―「すべり台社会」からの脱出』岩波新書

第5章
ニーズと資源

第1節　ニーズ

（1）ニーズとは何か

　社会福祉は、何らかの生活上の必要性から出発するものである。私たちの生活がいつも順調で、自己責任によって生活を完結できていれば、社会福祉は必要ない。しかし、なにかの事故により、生活が自己責任で営めなくなる。逆にいえば、事故で損なわれた部分だけを充足すれば、もとの生活が可能になるのである。その損なわれた部分、言い換えれば必要とされる部分がニーズである。

　したがって、その必要性についての把握が重要になる。この必要性について、「ニード」あるいは、「ニーズ」と呼んでいる。カタカナ語が乱用されていることへの反省から、そのまま「必要」と呼ぶ使い方もある。今のところ「ニーズ」という用語がよく用いられているので、本書では「ニーズ」を使用する。

　こうしたニーズについて、岡村重夫は社会生活の基本的要求として説明している。岡村は社会生活の基本的要求をかかげた。すなわち、経済的安定、職業的安定、家族的安定、保健・医療の保障、教育の保障、社会参加ないし社会的協同の機会、文化・娯楽の機会である。それに社会制度が対応すると説明した。要求と社会制度との関係を社会関係と呼び、社会関係への働きかけに社会福祉の固有の役割をみた。

　三浦文夫はニードについて解説し、「ニード論」といわれる考え方を展開した。三浦はニード「何らかの基準にもとづいて把握された状態が、社会的に改善・解決を必要とすると社会的に認められた場合に、その状態をニード（要援護状態）とすることができる」とした。そして、

貨幣的ニードと非貨幣的ニードに区分し、それまで貧困問題のみ注目されやすかったのに対して、金銭以外の非貨幣的ニードを主張した。

　以後も生活支援ニーズとして把握する古川孝順、福祉需要として把握する京極髙宣らの研究が重ねられている。海外ではブラッドショーによるニーズの類型が知られる。規範的ニーズ、感得されたニーズ、表明されたニーズ、比較ニーズである。

　いずれにしても、何らかの生活上の困難が生じて福祉サービスが欠かせない状態になっているときに、「ニーズがある」と判断されて援助が開始される。たとえば、夫婦のみの高齢者世帯において、夫が要介護となり、妻が介護疲れで限界に達しているという場合、夫、妻ともにそれぞれのニーズが発生している。この世帯に対し、援助が行われなければ、生活が破たんし、最悪の場合、介護心中や介護殺人にもなりかねない。

　ニーズに類似した表現として、経済学では「需要」という用語がよく用いられる。「需要」とは、必ずしも生活に不可欠とは限らず、欲望に基づくものも含まれる。欲望ということは、言い換えれば主観的なものである。社会福祉でいう「ニーズ」は生活に不可欠であり、したがって客観的に把握できるものである。

　もっとも、ニーズと需要との区別が明確につくとは限らない。たとえば、服を着ることは、生きていくうえで欠かせないニーズではあるが、高価なブランド品であるなら、欲望に基づくものであろう。では、どんな服であればニーズで、どんな服であれば欲望の範疇になるのか、はっきりした基準があるわけではない。その場合、社会通念によって判断することになろうが、社会通念は時代によって変化していくものである。

（2）ニーズの判定

　ニーズについて漠然と「存在する」といっても、それだけではそのような福祉サービスをどの程度提供していいのかわからない。客観的に把握されることで、福祉サービスと結びつくのである。

　また、個々人のおかれた状況によって変わってくる。同じような障害があっても、家族と同居していて生活がある程度の水準で保たれている人もいれば、家族も支援者もなく、非常に困っている人もいる。したがって個々人について、個別に把握していく必要がある。

　ニーズの判定は、恣意的なやり方では説得力に欠ける。何らかの明確で具体的な方法で把握することになる。介護保険制度の要介護認定、障害者総合支援法による障害支援区分認定などはその一例である。こうした判定は専門家が、あらかじめ定められた明確で客観的な基準によって行うものである。

　こうした客観的な基準は公平なサービスの提供という点で欠かすことはできない。いくら主観的に、「生活苦なので金銭給付をしてほしい」という訴えがあっても、収入や生活実態が一般家庭の水準となんら変わらないとすれば、金銭給付を行うわけにはいかない。

　しかし、だからといって、利用者本人がサービスを必要としていると感じているという主観的判断を軽視してよいわけではない。障害者の生活のうえで必要なものは、障害をもちつつ生活している人でなければ実感できない面がある。それを「専門家」と称する人が切り捨てることで、真に必要なサービスが提供されないことにもなる。

　また、客観的な基準といっても、時代をこえた普遍的な基準が存在するわけではない。貧困はどの程度の生活レベル以下なのか、どの程度の住宅が確保されるべきなのか、といったことはその時代によって

社会通念が変化していくものである。かつてエアコンは贅沢品であったが、現在では少なくとも高齢者にとっては必需品であろう。

　しかし、ニーズが存在しても、把握されない場合が少なくない。公的扶助を例に出せば、生活保護基準を下回る生活水準でありながら、生活保護を利用していない人は、利用している人の数倍いるともいわれている。介護殺人などの事件が起きたとき、当事者が福祉サービスを利用していなかった、ということがよくある。

　このようになってしまうのは第一に、福祉サービスについての情報が不足して、自分が利用しうるということに気づかない人が少なくないことである。申請主義であるため、申請がなければ、ニーズの存在が顕在化しない。自立や自己決定の立場からすれば、申請主義には意義が認められる。しかし援助者側が申請主義に甘えて、現にあるニーズを見逃すことになってはならない。

　第二に、自分が利用しうると気づいても、手続きの場所や方法がわからないまま、時間が過ぎていくという場合である。調べたり市役所などに問い合わせたりすればよい、という意見もあるかもしれない。しかし、ニーズがある人は高齢者など何らか不利な状況にある人であり、調べたり問い合わせたりすること自体に、労力を要する。

　第三に、以前よりは解消したとはいえ、なお福祉サービスを利用することを恥ととらえる「スティグマ」の感情があることである。社会福祉が貧困者など特定の階層の人を対象にしていた時代があった。その時代のイメージをなおもっている人は、「社会福祉は特別な人が利用するもので、自分はそういう人ではない」と考える。そのために、ニーズがあると実感されていても、訴えるどころか、むしろ隠すことになる。

　いずれにせよ、ニーズは潜在化する傾向にある。「申請がないから

ニーズもない」などと捉えるのは、無責任で傲慢な発想である。ニーズがないのではなく、ニーズを発見しようとしていないだけのことである。ニーズとは、自然に見つかるものではなく、積極的に見出していく努力をすべきものである。

（3）ニーズと福祉サービス

　ニーズをいくら判定しても、福祉サービスと結びついて、ニーズを満たすことがなければ無意味である。福祉サービスは福祉政策によって具体的に供給される。したがって、ニーズに対して、福祉サービスが何らかの対処をしていくことになる。

　先ほど、「需要」についてふれたが、一般の商品やサービスに対する「需要」に対しては、特に政策的な配慮をしなくても、市場によって自然に「需要」を満たすための供給がなされる。放っておいても、乗降客の多い駅前には、ショッピングセンターやレストランなどが建ち並ぶようになるのである。

　しかし、福祉ニーズに対しては、自然に福祉サービスが供給されるようになるわけではない。なぜなら、一般の商品やサービスの場合、供給することによって利潤が期待されるのに対し、福祉サービスは、低所得者への支援のように、利潤どころか費用を要するものも少なくない。

　また、一般の商品やサービスであれば、ある程度標準化されたものを大量に供給することが多いので利潤を上げやすい。しかし福祉サービスの場合、個別性が強く、大量に供給することができない。また、ニーズによっては、それをもつ人にとっては切実であるが、もつ人が少ないために市場が成り立たない場合も少なくない。たとえば、難病

患者の場合、深刻なニーズをもつけれども、人数が少ないのでサービスを創設しても利益にならない。

　市場にまかせて仮に供給されたとしても、それで問題が解決するわけではない。そのサービスには、当然価格がついている。事業者側の経費や利潤をすべて含んだものなので、決して低価格ではない。そうすると、ある程度高所得でないと使えないので、ニーズをもつ人が誰でも安心して必要なだけ使えるとは限らない。

　また、一般の商品やサービスは供給が不足したとしても、生活必需品でない限り、購入を我慢すればすむ。ところが、福祉ニーズの場合、供給不足が生死にかかわることにもなりかねない。

　したがって、福祉サービスを提供することによってニーズに対して何らかの対処をしていかなければならないのである。行政による供給する側への対応として、法制度を策定する、補助金などの制度をつくって供給を促す、人材養成を促進する、などが考えられる。福祉サービス供給の具体的な計画を策定することも行われる。

　また、そうしてサービスを拡充しても、活用されていないということもありうる。その場合は、国民に周知して活用するよう促すことも大切であろう。

　ニーズが広がっていて、相当に多くの人がもっているときには、社会保険制度のように、強制力をもった制度を実施し、利用者側への経済的な支援を行う。日本の社会保険制度として具体的には、医療、年金、介護、労働者災害補償、雇用の５つがある。

　社会保険制度では原則として、対象者全員を強制加入させる。加入すれば、保険料を支払うことになる（労災保険については事業主が負担し、労働者本人は負担しない）。考えてみれば乱暴なやり方で、加入者からすればお金を無理やり取られるという話である。しかしこれら社

会保険について、廃止すべきとの議論はほとんど聞かれない。なぜ、一見乱暴な社会保険制度が是認されているのであろうか。

　それは、医療保険についていえば、誰もが何らかの病気になる。つまりニーズが確実にあるからである。ニーズがあることがわかっているのに十分な対策をたてないほうが、責められるべきことである。仮に医療保険が任意加入であれば、自分の健康に過剰な自信がある人、保険料を払いたくない人などが加入しなくなる。実際にはそういう人もニーズがあるのだから、医療費が支払えずに困る人が続出する結果になることは明らかである。

　このように、ニーズというものが独立して存在しているわけではなく、ニーズを基盤にして、さまざまな福祉サービスが提供されているのである。ニーズとは何かを理解し、ニーズの把握を行うことが社会福祉の原点といっても過言ではない。

第2節　資　源

（1）資源とは何か

　社会福祉でいう資源とは、石油のような天然資源のことではなく、利用者が生活するうえで必要になる社会的な資源である。したがって社会資源と称することもある。また、誰かが占有している私物ではなく、広く開放されていて、生活問題を解決するうえで利用しうるものである。

　ただし、社会福祉を推進していくための資源であるので、ごく一般的な存在、たとえば、スーパーとか飲食店のようなものは資源として

取り上げることはない。ただし、スーパーについて、過疎地で買い物の場がないとか、高齢や障害のため買い物が困難といった場合に、資源の一つとして考慮すべきケースもあるかもしれないので、「これは資源とは違う」という決めつけには慎重でなければならない。

　また、施設のような目に見える物質的なものが資源であるのは当然であるが、ソーシャルワーカー、民生委員、ボランティアのような人的な存在も資源である。制度とか地域のネットワークといったものも資源である。

　具体的に何が資源であるかを考えていくと、第一に、社会福祉機関である。法律で行政に設置が義務づけられている機関があり、その場合はあるエリアの範囲に必ずおかれることになる。福祉事務所、児童相談所、社会福祉協議会、地域包括支援センターなどである。特に社会福祉協議会は、民間団体ではあるものの、地域福祉の拠点としての役割が大きい。こうした機関は住民に開かれていて、ニーズがあれば誰でも自由に活用することができる。

　公的な機関とは異なるが、NPOなどの民間団体で独自に相談の場を設けている場合もある。規模は小さいが、生活課題に対して法律の枠を超えた積極的な取り組みを行っている。公的機関は、設置目的が明確に定められているので、その目的と異なる課題について動くことが難しい。ところがしばしば、どの公的機関も対象ではない課題が発生するものである。民間団体はそういう場合でも、柔軟に対応することができる。

　第二に、社会福祉施設である。特別養護老人ホーム、児童養護施設といったものである。利用者が限定される入所施設もあるが、地域住民の多数が利用しうる在宅サービスの施設もある。介護、保育など生活をしていくうえで欠かせないサービスである。建物を指して「施設」

と呼ぶことが多いかもしれないが、建物の利用自体が目的ではなく、そこで提供されるサービスが「施設」ということの趣旨である。

　かつては、社会福祉施設といえば、大規模な入所施設を想像する人が多かったと思われる。実際、社会福祉施設を多数設置することで、課題解決を図ろうとした時代がある。地域から隔絶された大規模施設は、現在では好ましくないとされている。しかし、施設を利用することでしか課題解決に至らないケースがあることは否めない。施設を住宅地域に設置したり、過度に規模を大きくしないなどの工夫をしつつ、これからも入所施設は資源としての役割をもつことになるであろう。

　また現在では、学童保育所、グループホームといった、小規模で普通の住宅となんら変わらないようなものも広がっている。これらは、従来の社会福祉施設と比べても、地域との関係が深くて住民と密着し、利用しやすいものになっている。

　施設は、利用するために何らかの手続きが必要になる。しかもその手続きには手間がかかったり時間を要したりすることも多い。活用するためには、どうすれば利用できるのかをあらかじめ正確に把握しておくことが求められる。

　第三に、さまざまな所得保障がある。生活保護、年金、児童手当、児童扶養手当などである。現金で給付される制度もあるが、税や各種の利用料の減免のように、負担が減るという間接的な形態をとる場合もある。生活に困窮しているときは、所得保障制度を利用して、困窮状態から脱する必要がある。いずれも申請主義による利用である。いくら要件を満たしていても、申請しないと利用することはできないので、申請を促すための広報が不可欠である。

　第四に、地域に存在する団体である。老人クラブはすでに実績を重ねてきた伝統的な団体である。現在では、ボランティア団体やNPOな

どが広く存在している。これらも、利用者が生活を支えていくうえで必要な存在である。

　社会福祉を目的とした団体もあるが、社会福祉以外の目的で結成されている団体も数多く存在する。代表的なものは、自治会・町内会である。地域ごとに自治組織としておかれている。地域内の交流や地域内で解決すべき課題の調整機能などを目的としているが、社会福祉の推進のうえでも使える資源である。孤独死の防止、子育て支援、虐待防止など地域の課題への対応は、こうした団体を活用することで効果的に行える。

　近年、地域組織への加入率が低下する傾向にある。地方では、加入を想定している人自体が大きく減っている場合がある、たとえば、青年団という団体があるが、青年とされる年齢層の住民が少なくなっている地域がある。

　地域組織への関心の低下には、少子高齢化や人口減少、相互扶助意識の低下などさまざまな理由がある。従来の団体の運営が民主的とはいえず、若い世代の意識と異なっているといった指摘もある。いずれにせよ、地域組織は社会福祉の推進のうえで大切な存在であり、その意義について再評価し、活性化の方策をとることが望まれる。

　第五に、人的資源である。福祉を支えている「人」そのものが、活用しうる社会資源である。一つは社会福祉事業の従事者など、社会福祉に専門的にかかわっている人である。もう一つは民生委員、ボランティアといった、専門職ではないが社会福祉に積極的にかかわろうとする人たちである。民生委員は、専門職ではないとはいえ、研修を積むなど生活課題に精通している。わが国独自の地域福祉推進の人的資源として非常に有効な存在である。ボランティアの必要性はいうまでもないであろう。社会福祉は、最終的には人と人とがかかわる活動で

あるから、人的資源なしでいくら制度だけ整備しても、実施することはできない。ボランティアについては、関心をもっていても、なかなかきっかけがなくて参加できていない人もいる。掘り起こしていけば、増やすことは十分に可能である。

　以上は、狭義の福祉サービスについての資源であるが、関連領域の資源も活用しうる。病院、診療所、保健所などの医療・保健の施設、学校、幼稚園などの教育施設である。人的なことでいえば、それらにかかわる医師、看護師ら医療・保健の従事者、教員なども含まれよう。

　かつては保健・医療、教育など各領域が、ばらばらに存在していて相互に協力体制が乏しかった。しかし現在では、連携についての共通認識が深まってきた。たとえば、児童虐待に早期に対応するには、児童が通院したときの医療機関での発見、学校での発見が大切である。さらに、いくら発見してもすぐに支援が始まらないと意味はない。したがって、医療機関や学校と、児童相談所などの社会福祉機関との連携が欠かせない。

　さらに広義に考えると、たとえばタクシーは高齢者や障害者が移動するために欠かせない交通機関である。通院などで積極的に利用する必要がある。資源については、なるべく広義に理解して、活用できるものを積極的に活用していくべきである。

（2）把握方法

　このように、資源には多様なものが考えられる。援助にあたっては、こうした資源を活用していくことになる。自分たちの地域にどのような資源があるか、どのように使うことができるのかを常に把握しておく必要がある。「そういう資源があるとは知らなかった」ということ

になりがちである。知らなければ存在しないのも同然になってしまう。活用すべきときにすぐに活用できないと、いくら資源があっても意味がない。

　したがって、必要が生じた場合にすぐに活用できるよう、日頃から備えておくことが求められる。福祉活動を行う地域内にどのような資源があるのか、あらかじめリストアップしておくべきである。

　さまざまなサービスは、新たに始まることがあるし、逆に廃止されることもある。すぐに利用できるものもあれば、すでに受け入れ可能な上限まで利用されていて、すぐには利用できない場合もある。そうした最新情報を常に把握しておかないと、利用しようと思ったときに、その資源が実はすでになかったり、あっても利用できなかったりする。

　そうなると、単に書類上でリストアップするだけでなく、実際に施設などに出向いて状況を確認しておくことが欠かせない。施設の窓口となる担当者と連絡を密にして、信頼関係を築いておくことも大切である。

　施設などによるサービス水準は、施設によって大きく異なるのが現実である。特に民間企業によって提供される高齢者系の施設は、経営状態や職員の質など、相違が大きい。現地で実際に確認しておかないと、ホームページやパンフレットのような施設側が発信する情報だけでは、実際のところはわからない。

　一方、資源について専門職だけが把握していればよいというものではない。一般市民に十分に情報が公開され、市民が自分で把握し、利用について判断できる状態になっていることが望まれる。市民が知っていることで、既存の資源の改善が図られたり、新たな資源の創出につながったりしてくる。

　そのために「福祉マップ」といったものを作成することがよく行わ

れる。「福祉マップ」によって、一般市民も社会資源の状況が把握できるし、どこが手薄なのかも理解できる。しかし「福祉マップ」を作成しても、作成した団体に出向いて閲覧しないと見ることができないのでは、せっかくつくっても活用されないことになりかねない。現在では、スマートフォンで情報収集をする人が多いであろう。そうした情報ツールに対応した形での情報発信を検討すべきである。

（3）開発方法

　資源が十分に存在していて、常にニーズに対して対応できるのであればよいが、実際には即応できるだけの資源が存在せず、ニーズを把握しているにもかかわらず解決しきれない、ということがよくある。保育所や特別養護老人ホームの不足のように、サービスが量的に充足できていないことがある。ある種のニーズに対して、解決に直結する資源自体がその地域に存在していないということもありうる。現代では多様なニーズが噴出しており、資源の整備が多様さに追いつかないこともある。

　こうしたとき、資源が乏しいことを嘆いて、整備を怠ってきた行政を非難するということになりがちである。事実に基づく行政への批判も必要ではある。しかし批判しているだけでは、肝心のニーズの充足はできない。

　そもそも資源は固定的なものではない。開発しうるものであり、求められる資源を創出する努力が欠かせない。すでに存在している資源を前提としてその不足を嘆くのではなく、どのようにすれば、創り出せるかを考えるべきなのである。

　創り出す方法の一つが市場である。一般サービスを考えた場合、た

とえばその地域でホテルなどの宿泊サービスが不足していて、常時予約で一杯だったとする。そういう地域が存在するとわかれば、必ずや新規にホテルを新設しようとする事業者が現れるであろう。特別な取り組みをしなくても、放っておけばいつしかホテルが増えていくのである。

　なぜ、そのようにうまくいくかといえば、サービスが不足している地域にいち早く新設すれば確実に利益が見込めるからである。福祉サービスも、不足している状況にあれば、その情報が広がり、新たにサービス供給しようとする事業者が現れる可能性は大きい。

　しかし、市場には限界がある。福祉サービスでは、利益が見込める領域は限られているので、介護サービスのような利益が期待できるサービスであれば、事業者が出現する可能性があるが、利益が期待しにくい領域の場合、自然に事業者が出現する可能性は小さい。

　また、福祉サービスの場合、職員に専門性をもつ人を雇用する必要性がある。法律で最低基準などの規制があるために、一般のサービスほど高い利益が出ない。建物を建てることを考えても、車椅子用のトイレが多数必要であるなど一般の建物より経費がかかるので初期投資の額が大きくなる。こうした、事業者側から見て負担となることがあって、一般のサービスと同じレベルで次々と事業者が現れるものではない。

　したがって、市場まかせにして、自然にサービスが広がるわけではない。また、そもそも行政が設置することになっている社会福祉機関などは、市場とは無関係な存在である。したがって市場に期待して何もしないと、不足する資源はいつまでも不足したままになる。市場以外の資源開発として考えられるのは、行政への働きかけである。

　行政に対して資源の拡充を働きかけるには、行政の担当者に直接訴

えるということになるが、それだけで簡単に実現するわけではない。担当者の同意があったとしても実現するには財源の確保や職員の養成などのハードルを越えていかなければならない。

　そこで、世論を喚起していく。行政の意思決定は、住民の意向を踏まえて行われる面が大きい。何らかの資源を新設したり増やしたりしたい場合、まずそうした世論を高めていくのである。喚起の方法として、ホームページなどを使った広報、マスコミを活用して報道してもらう、集会を開くなどの方法が考えられる。

　世論を背景として、議会を動かしていくことも大切である。議員は選挙で選ばれるので、行政の担当者以上に、世論には敏感である。

　世論喚起の前提として実態調査を行い、社会資源開発の必要性について、統計的に明らかにすることもできる。ただ、社会福祉の資源は、少数の人しかニーズがなくても、その少数の人のニーズが切実な場合には、開発しなければならない。数量調査によってニーズを示すことが有効な場合もあるが、数量では示せない場合もある。その場合は、事例を出して訴えることも必要である。

　行政に働きかけるというだけでなく、みずから創り出すということもありうる。多額の財源を要する資源の場合には、行政に対応してもらうしかない。しかし、比較的小規模なサービスであれば、自分たちで創るということも検討すべきであろう。

　たとえば、学童保育とか障害者作業所などは、もともとその必要性を感じた人たちが自分たちで設置して始まったものである。歴史をさらにさかのぼれば、さまざまな施設が個人レベルで創設されたことがわかる。ホームレス支援なども、主にボランティア的な活動が担ってきた。

　ボランティア団体、セルフヘルプグループなど、さほど資金が必要

ではなく、関係者の協力が得られれば実現可能な資源は、自分で創ればよいのである。特定非営利活動法人のように、小規模な団体を想定した制度も設けられている。

　ただ、いくら小規模といっても一定の資金は必要なので、確実で長期的な資金計画は欠かせないし、人員の確保や事業の安定的運営などは責任をもって対応していかなければならない。いくら目的は正しくても、実務が適切でなく、資金不足や人員不足で永続できないようであれば、社会的信用を失ってしまう。

　以上のように、資源を議論するときは、開発という視点を含めて考えていく、つまり自分自身が、活用する立場、提供する立場、それぞれの当事者であるという意識をもたなければならない。

【参考文献】
　田村綾子編（2019）『社会資源の活用と創出における思考過程』中央法規出版
　三浦文夫（1995）『増補改訂社会福祉政策研究』全国社会福祉協議会
　岡村重夫（1983）『社会福祉原論』全国社会福祉協議会
　上野千鶴子・中西正司（2008）『ニーズ中心の社会福祉へ―当事者主権の次世代福祉戦略』医学書院
　渡邉浩文（2019）『社会資源の活かし方　サービスを上手につなぐコツ』中央法規出版

第 6 章

福祉政策の構成要素と過程

第1節　福祉政策の構成要素

（1）主体

　福祉政策は、誰かが策定し運営することで初めて福祉政策として機能するのである。では、誰が策定し運営するのかが、「主体」という課題である。「政策」という以上、まず政府が想定される。確かに法制度を策定し、実施の責任を負うのは政府であり、その意味では、福祉政策の主体は政府である。しかし、政府のみが福祉政策の主体と断言できるかといえば、疑問もある。民主国家においては、政府は国民の選挙によって構成されていくのであるから、国民たる個人も無縁ではないはずである。また、個人は個人としてのみ生きているのではなく、家族や地域との交わりのなかで生活している。

　そうすると、福祉政策の主体として、政府のほか、個人、家族、地域が考えられる。さらに、現実の社会の動きをみると、すべてを法律が動かしているのではなく、かなりの部分を市場が担っているのに気づく。私たちが生活に必要な物資を購入できるのも、賃貸住宅に住めるのも、市場が機能しているためである。すると、福祉政策のみ市場と無関係に存在することはありえない。したがって、市場も福祉政策の主体と考えるべきであろう。

　これらの主体はいずれも、単独で福祉政策を成り立たせるのではなく、そのバランスのなかで、福祉政策が成り立っている。エスピン・アンデルセンは、福祉政策を「自由主義レジーム」「保守主義レジーム」「社会民主主義レジーム」に分類して、先進国における福祉政策の傾向を類型化して説明している。

以下、福祉政策の主体について、個々に学んでいく。

（2）個人

　近代以前の社会では、個人は自立した存在とみなされていなかった。したがって、政策の主体になることはありえなかった。近代になって、個人は封建的な関係から解放されて、自由で主体的な存在になっていく。しかし、近代社会の当初は、実質的に人権は平等に保障されていたわけではない。女性、人種、民族、障害などさまざまな差別があった。また、経済的な格差も大きく、富裕者が登場する反面、日々の生活にも事欠く困窮した人も多かった。

　しかし、そうした矛盾をかかえつつも、近代民主主義社会においては、個人が主権者として政策決定に寄与していくようになっていく。福祉政策が前提としている個人とは、自立した市民である。慈善事業の時代には、慈善を利用する人は、救済の一方的な受け手であり、慈善の在り方についての意思決定に参加することはありえなかった。しかし、現代においては、福祉政策における個人は、福祉サービスを利用するだけでなく、福祉政策をつくり出す主体でもある。

　個人による福祉政策への関与を実現するための手段の一つとして、代議制民主主義が発展してきた。近代社会の初期には、民主主義といっても、実際には参政権は男性や富裕者に限定されていたり、特定の人種・民族の人が排除されていたりした。日本でも、選挙権が男性、しかも納税額で限定されるところからスタートした。現在の制度にいたるまでは、普通選挙法運動、婦人参政権運動が積み重ねられてきた。1925年の普通選挙法によって、25歳以上の男子に選挙権が認められたと説明されるが、この時点では、公的扶助の利用者、施設やハンセン

病療養所に入所している人などには選挙権が与えられていなかった。しかし、戦後になってそうした制限はなくなっている。

　代議制民主主義は、個々の意見を反映するには限界もある。そこで、個人の直接の参加に方策も模索されてきた。国民の側からはこれまで、裁判闘争、デモや集会、議員への請願などの方法が試みられ、朝日訴訟のように大きな成果をもたらした事例もある。政府の側の動きとして、近年、政策決定にあたってパブリックコメントを求めることが行われている。情報公開制度は、政策を決定するものではないが行政を監視することで、政策の適切な執行に寄与している。

　しかし、一方で、代議制民主主義は定着するにつれて、その重要性が軽視され、投票率の低下などの無関心が広がっている。また、政治家の側が、選挙を意識した政策に走り、福祉サービスの提供を公約する反面、負担についてはきちんと語らないといった点が指摘されている。

　しばしば、福祉政策の問題点を指摘して、政府の責任を追及したり、ときには罵倒さえする議論がみられる。しかし、現代では個人が福祉政策に関与できるのであり、被害者であるかのように政府を罵倒する前に、個人としての責任を果たしているのか自省することも必要である。個人は、福祉政策の主体としての意識をもって、福祉政策の立案に参加していくことで、福祉政策の発展につながっていく。

（3）家族

　生活の基礎となるのが家族である。生活に何らかの困難が生じても、家族によって生活が支えられ、生活が維持できる。たとえば、要介護になっても家族から介護を受けることができれば、生活は維持できる。

現実の生活では、病気、失業、子育てなど、さまざまな危機が発生する。しかし、かなり多くのケースでは、危機だと感じるまでもなく、生活が維持されている。それは家族間で当然のこととして支えあっているからである。法律では扶養義務を課して、支えあいを法的義務として規定している。

　しかも、家族には「愛情」という他の主体では提供できない関係がある。育児や介護の社会化は大切ではあるが、だからといって、育児や介護を家族から切り離して、すべて社会的に行うことが好ましくないのは明らかである。家族関係は「愛情」によって、精神的安定など、さまざまなものをもたらす。

　こうしたことから、福祉政策において、家族を主体の一つとして重視しなければならない。日本の福祉政策が北欧などの先進国と比べて乏しいといわれている。それでも、なんとか生活が保持されているのは家族による支えがあるからである。

　しかし、逆に家族の支えを失えば、生活には著しい支障が生じる。ホームレスになるのは、家族の支えが機能しなくなった場合である。また、一見家族による支えが機能しているように見えても、どこかに限界があり、限界を超えることで、介護殺人や介護心中などによって一気に噴出してしまうことがある。

　そればかりか、家族が福祉に反する機能をもつことさえある。児童虐待、高齢者虐待、ドメスティック・バイオレンスは家族それ自体が、生活を困難にさせているのである。

　戦前には家制度があり、家制度維持のため個人、とりわけ女性の権利を制約する機能をもっていた。制度としては廃止されてもなお、「家のため」という理由で個人の権利を制約したり、「家柄」「名家」といった発想で、差別がなされることがある。さらに、介護や育児の役

割をもっぱら家族にのみ期待することを当然視する考えがみられた。特に「嫁」がそれを担うことが強く求められた。家族は重要ではあるが、家族にのみ介護や育児の役割を期待するのは非現実的であり、それでもなお無理に家族で引き受けることで、前述のように介護心中などの痛ましい事件が起きていることを直視しなければならない。家族への行き過ぎた扶養の要求は、かえって家族のもつ愛情を砕くこともあるであろう。

　また、戦後の核家族化の進行のなかで、家族の人数は減少の一途をたどった。今後は高齢化や未婚率の上昇などにより、ひとり暮らし世帯がいっそう増加すると思われる。家族を福祉の基盤にしようにも、家族をもたない人が少なくないのである。この点からも家族の機能には限界があることを認識すべきであろう。

（4）地域

　地域は共同体として生活の基盤であった。私たちの生活は、とりまく地域のなかで完結しており、そこが福祉の機能をもつ。たとえば、ひとり暮らしの高齢者が生活する場合、周辺の人たちが、声かけをしたり、様子を見たり、情報提供をしたりして生活が支えられている。これまで、地域には相互扶助の機能があり、相互扶助によって、住民同士で生活を支えあってきた。

　福祉国家の限界のなかで、地域住民がみずから福祉について考え、福祉を地域からつくり出す取り組みも盛んになっている。ボランティア活動も地域の福祉への関心のなかで、その機能を発揮しうる。障害者が施設ではなく、生まれた街で暮らしたいと考えた場合、地域の支援なしでは不可能である。

　地域には、狭義の福祉サービスばかりでなく、学校、文化施設、また自治会、婦人会といった組織もある。これらを活用すれば、多様な福祉実践が可能になる。したがって、地域福祉が重視されている。

　しかし、地域のもつ福祉の機能が衰えている面があることも否めない。都市部では見知らぬ人同士が集まって暮らしているために、相互扶助の関係が形成されておらず、隣人の名前さえ知らないということが珍しくない。地方では人口が減少し、高齢化がすすんで、相互扶助を支える力が弱まっている。「限界集落」といわれる、地域そのものの存続さえ危ぶまれる地域も各地でみられるようになっている。地元の商店街は地域の人的交流の場でもあったが、郊外に巨大なショッピングセンターが登場し、買い物は車で郊外に出かけるという生活スタイルが定着し、交流の機会が失われた。「買い物難民」と称される、日常の買い物にさえ困難になっている人がいる。

　一方で、地域がときとして福祉に反する機能をもつことがある。これまでの日本では、その地域の出身者同士では助け合う反面、外国人など地域の習慣になじまない人を排除することがあった。全体の和が過剰に重視され、少数意見を述べにくい雰囲気があったことも否めない。現在でも精神障害者の施設、あるいは元受刑者の更生を支援する施設を計画した場合に、反対運動が起きるケースがみられる。

　したがって、地域の機能を過大評価し、福祉への役割を過度に期待することは現実的ではない。しかし、生活の基本的な場が地域であることはこれからも変わらない。地域を福祉の場としていく努力は今後とも大切である。

　まず、地域がもつ機能を認識し、高齢者、障害者、外国人など多様な人たちが受け入れられる環境を整備することが必要である。また福祉資源を高めていく体制をつくることが求められる。

（5）政府

　「政策」という以上、そこでは国家の存在が大きい。歴史的にみて
も、イギリスでは救貧法が国の制度として定められ、20世紀になると
社会政策が推進された。イギリスは1942年のベヴァリッジ報告を経て、
戦後福祉国家として発展していく。先進国はおおむね福祉国家として
発展した。アメリカは政府による関与が弱く、福祉国家であるかどう
か議論になるが、それでも1935年に社会保障法を制定している。

　日本でも、戦前から各種の立法が整備され、戦後は日本国憲法で国
の責務が明記され、国家責任が強調されるようになった。国民全体の
最低限の生活を保障することは、個人や家族では不可能である。生活
保障のためには、医療保障、年金制度など国民全体を対象とした制度
を策定することが欠かせないが、それは政府にしかできないことであ
る。

　しかし、日本を含めた先進各国では1980年代になると財政危機のな
か福祉国家への疑問や批判が生じてくる。戦後の経済成長のなかで福
祉財源をまかなうことができたが、次第に困難になってきた。また、
福祉部門が肥大化し、非効率が目立つようにもなった。

　福祉国家への体系的な批判として、ハイエクやフリードマンによる
議論、市場至上主義、新自由主義を標榜するシカゴ学派が知られる。
彼らは、福祉国家は自由をおかすものとして厳しく批判した。こうし
たなかで、イギリスでは保守党のサッチャー政権下で、社会保障の削
減に乗り出すなど、福祉国家の是正をはかった。日本でも構造改革が
叫ばれ、国家の役割を見直す動きが活発化した。

　こうして福祉国家路線の見直しがすすんだ。今後は、福祉サービス
の供給を国や地方自治体で直接提供することは少ないであろう。政府

の責任を重視するあまり、民間でも供給しうるサービスを政府が扱ってきたことも事実であり、そこから撤退することはやむをえない。

　しかし政府の責任がなくなるわけではなく、依然として国家でなければできない福祉政策の課題は多い。

　法制度を策定して、国民に広く一定水準以上の生活を保障するのは政府以外には不可能である。社会保険制度を維持・管理するのも政府ないし政府に関係した組織によってなされる。財源の確保も主要部分は政府にしか徴収する能力はない。福祉サービスは一般の商品のように市場でのみ供給することができないが、市場には限界があるため国家がその是正をはかる必要がある。

　このように、政府が福祉政策をすべて担うというような発想は現実離れしているとはいえ、依然として政府は福祉政策の中心的な主体として果たすべき課題は大きい。

（6）市場

　福祉政策においても、市場の役割が重視される。市場とは、貨幣を媒介にして資源配分が行われる場である。一般の商品やサービスは市場によって供給されている。そこでは政府は、たとえば食品について衛生面の規制をすることはあるが、それ以上の介入は行わない。誰が何をどれくらい売買しようが基本的には自由である。そして、政府が介入しなくても、おおむね人々は必要な商品を納得できる価格で買うことができるようになるのである。

　市場では競争原理が働く。原則的には誰でも供給に参加でき、購買する側は、もっとも質が良くしかも安い商品を購入しようとする。したがって、供給者はできる限り質を高め、価格は引き下げる努力をす

るのである。市場を中心とした社会を築いてきた結果、豊かさが実現されてきた。たとえば、かつて電話事業は国が独占していたが、サービス水準は現在と比べると著しく低く、しかし料金は高かった。民営化し、かつ新規参入を認めて市場にゆだねることで、高品質のサービスが安く大量に供給されるようになった。携帯電話が普及すると、通話以外のさまざまな機能が付随するようになった。携帯電話によって、生活スタイルそのものまで変化するようになった。さらにはスマートフォンが普及し、生活全体までもが大きく変容した。

　つまり、市場によって、サービスが必要に足るだけの十分な量が供給され、また品質の向上がはかられる。さらには、以前にはなかった技術の開発も期待できるのである。

　電話も福祉サービスも、公共性の高いサービスという点では共通している。とすると、福祉サービスも市場を活用することで、効率よくすぐれたサービス供給を実現することが可能である。さらには、これまでになかった新しいサービスが生み出され、福祉全体が大きく変革され、生活の安定が実現するかもしれない。

　福祉サービスを特殊視し、市場がなじまないとする見解もある。しかし日本が資本主義社会である以上、福祉サービスも市場と無関係に存在することはできない。しかも、グローバル化でその傾向は強まっている。市場で自由にモノやサービスを購入できることは、生活を維持し、福祉を実現していくうえで大切なことである。したがって、市場での自由な取引が活発化することは福祉政策にとってプラスになることである。市場の積極的な活用は選択肢の一つとして考慮すべきである。しかし、福祉サービスは一般の商品と異なる面があることも確かであり、市場にすべてをまかせればうまくまわっていくというものではない。

　それは第一に、一般の商品であれば私たちは、「買わない」という選択をすることが可能である。たとえば、あるレストランで、価格があまりに高いとか、接客態度が悪いという場合、そのレストランで食事をしないという選択をするであろう。ところが、虐待を受けている子どもや、認知症の家族を介護している者からすれば、福祉サービスを「利用しない」という選択はできない。そうすると、サービスを提供する側が強い立場に立って、低劣なサービスを高く売りつけるということにもなる。

　第二に、通常の商品は私たちのもつ情報で商品の価値を判断することが可能である。たとえば、調理や栄養の専門家でなくても「ハンバーグ」の価格や味について判断をすることが可能である。したがって、一般の者が市場に参加して、適正な需給をつくり出すことが可能である。しかし、「デイサービス」のサービス水準が適正なのか判断することは、詳しく学んだ者でないと困難である。しかも、福祉サービスの利用者には、子ども、認知症の人、重い知的障害をもった人など、判断することが困難な人が少なくない。そうなると、低水準のサービスが横行することにもなる。

　第三に、福祉サービスを必要とする人には、十分な経済力をもたない人が少なくない。市場だけで供給が行われていると、そうした人はサービスを購入することができない。一般の商品であれば、購入できない場合、我慢するだけですむかもしれない。しかし福祉サービスの場合は、生活維持のために不可欠であるため、購入できないとなると、生活、場合によっては生命までも維持できなくなる。それでもあえて市場にこだわれば、低所得の人には低水準のサービスが供給されるということになるであろう。

　このように、福祉サービスを市場で供給すると、質が高まるどころ

か、低水準化する危険性が高い。そもそも、市場そのもののもつ否定的な側面も見落としてはならない。市場は必然的に、ある人々に高い利益をもたらす反面、競争に敗れる者を生み、経済的な不平等をもたらす。とりわけ、生活すら困難な貧困層を生み出していく。市場は自動的にそれを修正することはできない。戦前の日本では、貧困のあまりに女性の身売りさえ日常的であった。

このように、福祉政策をもっぱら市場だけで遂行することはできないので、市場以外のシステムを活用することが求められてくる。また、市場に対して、規制を行うことも必要である。「規制緩和」と称して、市場への規制を除いていく政策がとられてきた。そのため、非正規雇用、とりわけ製造業の派遣労働者が増加した。その帰結が不況時の多数の失業者であり、しかも失業者への雇用保険などが適用されない事態であった。一方で規制だけでなく、就労支援などの積極策もとられる。

第2節　福祉政策の手法

（1）福祉政策の実施

福祉政策は、現実に策定され、実施されて意味をもつものである。以下、手法の具体的な方法を考えられる規制と給付について述べたうえ、福祉サービスをどう供給するのか、また政策の策定過程について考える。

福祉政策の手法として、規制という方法がある。たとえば、社会福祉施設には最低基準が設けられているし、第1種社会福祉事業については経営主体が国か社会福祉法人に制限されている。行政は福祉サー

ビスに対して、許認可をしたり、命令や指導を行ったりするなどしている。企業や行政機関に対して一定の障害者の雇用を義務づけている。看護の業務を行うためには看護師の資格が必要とされるように、ある種の業務を行う場合に、有資格者しかできない場合がある。こうした規制によって、福祉サービスの水準を維持し、国民生活を保障しようとしている。

　「規制緩和」が叫ばれるようになって、「規制」が何かマイナスのもののようなイメージが生じている。確かに規制が所期の目的を達した後にもいつまでも残っているケースがないわけではない。個々には、行政による行き過ぎた、あるいは不当な介入がみられたことも否めない。不断に規制の必要性についてチェックする必要はあろう。

　しかし、たとえば、診療行為が医師に限定されているのも規制であるが、「医師でない者にも診療させよ」などという主張がいかに乱暴かは容易に理解できる。ところが、保育士資格を緩和せよ、保育所の要件を緩和せよなど、規制緩和の要求が一部から出されている。

　一般の商品やサービスは質が低い場合、返品とか代金の返還によって損害が解消できる。しかし、福祉政策は命にかかわること、失敗があった場合に取り返しがつかないなどの特性がある。質が低かった場合、後から補償しても、手遅れなのである。保育所で保育に携わる者が子どもに不適切な対応を繰り返したとき、いくらお金を積んでも、子どもの心の傷が癒えるわけではない。事後の補償の制度を充実する前に、そうした事態が発生しないように、規制をしておくべきなのである。規制は福祉政策の重要な手法であることに変わりはない。福祉政策における規制緩和論は、「どうせ相手は障害者、高齢者、児童だから人権侵害が生じてもかまわない」という差別の論理、あるいは命よりも金儲けを優先した論理といわざるをえない。

もう一つ、給付という方法がある。給付には、現金給付と現物給付がある。現金給付は、金銭を給付する方法である。現物給付は、物品やサービスそのものを給付する方法である。

　現金給付は具体的には、生活保護、年金、児童手当などである。現金給付は、利用者がその現金を用いてサービスを選択できるなど、利用者の自由が保障される利点がある。反面、利用者が給付の目的と違うことに使用してしまう可能性もある。それも、ギャンブルのような、生活維持に反する目的に使用して、かえって利用者の自立を阻害する結果をまねく危険性が否定できない。物価が上昇していく局面では、適切に給付額を引き上げないと、給付の目的が達成できなくなる恐れがある。

　現金給付に近い効果があるものとして、税額控除という方法がある。たとえば、所得税には扶養控除という制度があり、扶養家族がいる場合、収入から一定額が差し引かれ、その分、払うべき所得税が低くなる。ただ、この方法は、もともと所得税非課税となっている低所得者には意味がない。逆に、税率の高い高額所得者にとって有利であり、所得再分配としての効果には限界がある。

　現金給付の長所を生かしつつ、短所を防止する方法として「利用券」を交付する方法がある。これだと、選択権を保障しつつ、券で購入できるのは、指定された福祉サービスのみなので、他の用途に使われる可能性は低い。ただ、この方法は、事務手続きが煩雑になるなどの問題点もあり、しばしば議論されているが、今のところ本格的に実施されてはいない。ただ、「利用券」といっても、紙を配布しなければならないわけではない。電子的な手段を使うなどすれば、事務作業の軽減は可能である。

　現物給付は、現金給付の短所がない反面、利用者の選択権は制約さ

れてしまう。また、常にニーズに対応した給付の体制を整備しておか
ないと、給付が実行できないことになりかねない。

（2）福祉サービスの提供方式

　一般のサービスは市場を通して提供される。サービスの価格が提示
されて、利用者は利用を申し込むとともにお金を払う、という単純な
仕組みである。

　福祉サービスは同様にはできない。なぜならば、一般のサービスは、
お金を払いさえすれば、事業者は利用者側のニーズの切実さなどは何
も考えることなく、サービスを提供する。しかし、福祉サービスの場
合、単に先に予約した者から利用できる、というような仕組みでは、
ニーズが比較的少ない人に提供される一方で、深刻なニーズをもつ人
には提供されない、ということが起こりうる。そこで、介護保険によ
る要介護認定のように、ニーズを測定してニーズの大きい人に優先的
に供給する仕組みを設けることになる。

　さらに、一般のサービスでは利用者が支払う価格のなかに、サービ
ス供給に必要な経費や利益がすべて含まれている。福祉サービスの場
合は、保険料や税金が大きな財源になっていて、利用者が支払う負担
は、本来の価格の一部分にすぎない。保険料や税金という、みんなが
払ったお金を使う以上、やはり真にニーズをもつ人にのみサービスを
提供する仕組みが不可欠であるということになる。

　そこで、福祉サービスを提供する場合は、利用者が事業者に申し込
み、支払いをするというのではなく、サービス提供方式を設定して、
その方式を経ることがサービス利用に必須の要件となっている。

　この提供方式は、長く措置制度と呼ばれる方式であった。都道府県

や市町村が措置権という、事業者にサービス提供を要請する権限をもっている。利用者は措置権のある都道府県や市町村に利用の相談をする。措置権者は、真にサービスが必要かを調査して、必要だと判断すれば、事業者に対してサービスを提供するよう措置と呼ばれる手続きをする。

　現在でも措置制度で提供されている児童養護施設を例にとると、育児ができなくなった親は、自分で児童養護施設を探して子どもの養育を依頼するのではない。児童相談所という行政機関が措置の業務を行っているので、児童相談所に相談する。児童相談所が調査して、施設入所が必要と判断されれば、施設のほうに児童相談所として措置をする。

　2000年頃までは、この措置制度がわが国の社会福祉制度の中核であった。措置制度は、行政が責任をもってサービス提供の手続きを担うので、行政の公的責任という面では適切な面をもっていた。利用者が生活困窮者中心であった時代には、違和感のない制度であった。

　しかし、福祉サービスが広く皆が利用するものになってくると、批判がなされるようになった。①仕組みが複雑でわかりにくい、②行政が権限をもっていて利用者の権利という面が弱い、③利用者が自由に施設を選択することができない、④利用者と事業者との関係が契約の関係ではなく曖昧、といった批判である。

　1990年代になると、措置制度をやめて、一般のサービス同様に、利用者と事業者が対等な関係で契約を結ぶ、という方式にすべきだという議論が高まった。それを踏まえて、保育、介護、障害者支援などの各領域において、措置制度ではない別の提供方式に変更された。新たな制度は、何らかサービス利用のプロセスで公的な介入を行いつつも、最終的には利用者と事業者が直接に契約することで、サービスが供給されることになる。

　ただ、措置制度がまるで過去のものになったわけではない。児童養護施設のように、直接の契約になじまない性格をもったサービスは措置制度が維持されている。つまり、措置制度が悪くて、他の方式が優れているということではなく、それぞれのサービスの利用者の特性やサービスの性格のなかで、適切な提供方式が検討されるべきなのである。

第3節　政策決定過程

（1）集権と分権

　政策決定過程において、中央政府に財源と権限が集中する中央主権と地方自治体に財源と権限をゆだねる地方分権の考え方がある。

　中央集権の長所は全国的に統一した基準によって行われるので、全国どこに行っても同じ水準のサービスを受けることが可能になる。また、国の責任でサービスが供給されるので、国家責任が明確である。短所として、地域によって高齢化の進行ひとつとっても大きな違いがあるし、人口の集中している大都市もあれば、山間部や離島もある。ニーズも異なるはずであるが、そうした地域差を考慮しない画一的な制度になりやすい。国民がサービス水準や制度に不備を感じた場合、中央政府に不備の是正を訴えて改善を実現するのは、一個人ではかなり困難である。つまり、住民参加による政策決定には限界がある。

　地方分権の長所は、地方自治体は地域の実情をよく把握しているので、その地域に適した政策を策定することが可能である。言い換えれば、住民一人ひとりの顔を見て、政策を立案することが可能である。地方自治体レベルであれば、住民が政策の不備を訴えて是正させるこ

とも、中央政府の場合に比べると容易である。短所として地域によってサービス水準に大きな格差が生じる可能性がある。それ自体は住民の選択として必ずしも否定すべきではないが、たとえば隣接したA市とB市があり、B市のほうがはるかに福祉サービスは充実しているという大きな格差が生じた場合、A市からB市に移住するといった現象が起きるかもしれない。するとB市は予測以上に財源を用意しなければならなくなる。あるいは、A市、B市ともそれを予測して、はじめから福祉サービスの拡充を怠るということになるかもしれない。また、著しくサービス水準が低い地方があった場合、それを住民の選択として容認するのか、国がなんらかの介入をすべきなのかも難しい判断である。ホームレスのように、居住地が不明確な人の責任は誰がもつのかもはっきりしない。

　さらに、これまで地方分権の経験が乏しいために、小規模な自治体では必ずしも福祉の専門家がそろっているわけではなく、政策決定能力が高いとはいえない。一部には民主主義が未成熟な地方もあり、市長や議員らの贈収賄事件など、不祥事も後を絶たない。

　しかし、流れとしては、地方分権に向かっている。かつての日本の福祉制度は中央集権を基本とし、福祉サービスの多くは、機関委任事務といわれる国の監督下による仕組みで行われていた。1987年に団体委任事務といわれる地方に権限のある仕組みに変わったものの、実際には地方による裁量の余地は乏しかった。地方分権一括法によって、それまでの、機関委任事務、団体委任事務という制度は廃され、新たに大半の福祉サービスは自治事務となり、生活保護の受給決定など一部が法定受託事務となった。また、従来からの政令指定都市という大都市制度があり、市でありながら都道府県の業務の一部を行うことができる制度があったが、それに加え、中核市の制度ができた。

　地方の行政効率を高めるために、「平成の大合併」が行われ、市町村合併が推進された。これは合併することで、財政力や行政の専門性を向上させるためである。合併を経て、政令指定都市や中核市になった市も少なくない。こうして、個々の自治体の行政効率を高めて、地方分権を容易にした。

　しかし、面積が過度に広くなったり、人口が増えたりして、住民の声が届きにくくなったなどのケースも指摘されている。中心的な市に周辺の町村が合併したケースでは、周辺部への配慮が行き届かなくなったとの声もある。

　道州制によってより分権を推進する議論もある。都道府県に比べ広域な道州（たとえば、東北州、中国州）を設定し、そこに国の機能を大胆に委譲するというのである。ただ、道州制は、国と地方との関係では、地方への権限の委譲が可能かもしれないが、同じ道州のなかで中心都市が優遇され、周辺部とされた地域が取り残されることも危惧されている。それでは、規模が小さくなっただけで道州のなかでの中央集権である。

　そもそも地方分権を妨げている要因の一つは財源である。現在の財政制度のもとでは、政府に財源が集中し、地方独自の財源が乏しい。そのため、地方は補助金を求めて政府に陳情を繰り返し、それが国に対する地方の立場を弱くしてきた。そこを変革しない限り、制度だけ分権的にしても実質は変わらないであろう。

　しかし、福祉政策の推進を考えた場合、市民参加の点や住民のニーズの多様化を考えると、地方分権は不可避であり、今後は地方分権の方向がより強まると思われる。

（2）計画の立案

　福祉政策は、思いつきや場当たりで行うものではなく、どういう方向ですすめていくかという計画によって遂行するものである。ある時期までは、問題が発生した場合に事後的に対策をたてるということが行われてきた。現在でも、予期せぬ事態が発生する可能性はあり、事後的な対策が求められる場合はある。しかし、人口の推移、経済の動向など、今後の動きがある程度予測されており、給付や規制をどのように行っていくのか、あらかじめ方向づけることが必要である。そうでなければ、福祉政策はその時の雰囲気や政治情勢などに振り回され、結果的に整備が遅れることにもなるであろう。したがって、計画の立案は、福祉政策の主要な手法とみなされるようになってきた。

　福祉政策にかかわる計画として、1971年の「社会福祉施設緊急整備五カ年計画」や1982年の「障害者対策に関する長期計画」などがたてられてきた。本格的に計画化による福祉政策がすすむのは、1990年代からであろう。1989年の「高齢者保健福祉十か年戦略」（ゴールドプラン）、1994年の「今後の子育てのための施策の基本的方向について」（エンゼルプラン）、1995年の「障害者プラン～ノーマライゼーション７か年戦略～」が代表的なものである。1990年代の主要な計画の特徴は、明確な数値目標が示されたことである。それによって、国民は計画の妥当性や実施状況を容易に判断できるようになった。達成できなかった場合、そのことが明瞭に示されるので、逆にいえば、必ず達成するという、明確な意思を示すものでもあった。

　これらは国によるものだが、地方自治体でも計画が重視されている。介護保険制度では、市町村が介護保険事業計画を、都道府県が介護保険支援計画をたてることとされている。社会福祉法では、市町村は地

域福祉計画を策定することとされている。

（3）課題の設定

　計画を策定するためには、まず課題が設定されなければならない。そのためには社会調査などによって、実態が明らかにされる必要がある。計画は根拠に基づいて立てるものであり、勘とか思い込みではなく、客観的な指標が求められる。

　また、市民からの要求にこたえることも必要である。歴史的に見ても、福祉政策は市民による福祉要求運動を背景にして発展した。障害者、病者、高齢者やその家族、子をもつ親などから出される要求を真摯に受け止め、計画に反映させる努力が求められる。その際、多数派からの要求も大切ではあるが、少数の意見を軽視してはならない。特定の障害をもった人のニーズは、人数からすれば少数であるかもしれないが、当事者の生活困難はきわめて切実である。

（4）立案

　課題に対応するために、政策を立案する。その際に注意しなければならないのは、計画は実現すべきものであって、単なる願望の列記ではないということである。願望をまとめるだけなら、さしたる苦労はない。実施すべきものである以上、実現可能なものでなければならない。実現可能ということは、財源が確保できる見通しがあること、人材が確保できること、市民の支持が得られることなどの条件を満たすべきである。また、具体的でなければならない。「温かく思いやりのあるまちづくりを実現する」などというのでは、計画とはいえない。

数値目標を示すなど、達成できたかどうか容易に判断できる内容でなければならない。

（5）市民参加

　計画を立案する場合に欠かせないのは、市民参加の視点である。これまで、こうした計画を行政主導でつくっているのではないかとの批判が寄せられることもしばしばあった。あるいは、市町村で計画を立案する場合に、計画策定を業務としている企業に依頼することもなされてきた。

　しかし、福祉計画を立案する場合には当事者をはじめとした市民参加が不可欠である。たとえば障害者についての計画を立案する場合、障害者の参加なしではありえない。障害者の参加なしで立てられた計画では、障害者のニーズから遊離した内容になりかねない。また、計画の実施にあったっては市民の協力と理解が必要である。上から押し付けられたと感じる計画、内容に納得ができない計画であれば、市民も協力する気にはならないであろう。そのためには、計画立案の段階から市民参加が保障されなければならない。地域福祉計画の場合には、法律で住民参加が義務付けられている。

　では、どのように市民参加を実現するのであろうか。まず、大前提として、情報公開が欠かせない。日ごろから、行政にかかわる情報が公開され、市民が常に情報を入手できる状況にあることが市民参加の条件である。これまで、官僚や一部の専門家だけが情報を独占し、市民参加を妨げてきた。情報公開制度ができるなど、情報公開が推進されてきたが、請求されたら提供するというのではなく、積極的な提供・開示が望まれる。

　一般に計画を立案する場合に、審議会や委員会を設置し、あるいは既存の審議会に諮問する。こうした委員会について、委員を専門家や利害関係者だけで占有して、市民不在ではないかとの批判もあった。そこで市民から数名を公募する方法がとられる。障害者ら、当事者を代表しうる人物を委員に加えることも必要である。

　この審議会、委員会について、行政の追認をしているだけの場ではないかとの批判も根強い。そうした批判を避けるには、会議での積極的な議論、とくに当事者や公募委員の発言機会を増やすとともに、公開したり、あるいは議事録を公表したりする。議事録は請求があれば閲覧を許可するというような方法ではなく、ホームページから容易にアクセスできるようにすることが望ましい。

　また、案がまとまった段階で、パブリックコメントを募集する方法もとられている。しかし、パブリックコメントを募集していても、募集していることが十分に周知されていない、募集開始から締め切りまで短期間である、募集前と募集後の案にほとんど変更がなくコメントを参考にした形跡がないなど、形ばかりになっていると疑わせるケースがあることも指摘されている。募集するからには、個々の意見をできる限り反映させる努力を行い、反映しがたい意見については、なぜ反映できないのか説明責任を果たすべきである。

　説明会を開催する方法もある。その場合、単なる説明の場とするのではなく市民からの質問や意見の時間を保障するべきである。説明会の開催日時や開催場所について、参加する側の都合への配慮がないと、単なるアリバイづくりの説明会だとの批判を免れなくなる。

　一方、立案する側も努力すべきであるが、市民側も福祉政策に関心をもって福祉政策に意見を述べていく姿勢を常にもつことが主権者として望まれる。日ごろは無関心で意見を表明することをせず、立案さ

れた計画の欠陥だけを攻め立て、市民と行政との対立をあおるというのは、生産的でない。市民参加は双方向的なものであり、両者が市民参加の意義を理解して互いに努力することが必要である。市民参加が実現して立案された計画であれば、市民も実施の責任を共有することにもなる。

（6）決定と実施

立案されたものは、議会などの権限をもった意思決定機関で決定されなければならない。何らかの権威ある場で決定がなされなければ、実現すべき義務的な存在とならない。決定することで、決定者が計画を実現する責務を負うことになる。たとえば、議会で決定したとすれば、計画実施に必要な予算措置などを議会が行う責任がある。

また、決定においてはそのプロセスが公開され、民主的な議論のもとに決定がなされなければならない。ときとして、議会内の政治的駆け引きのなかで、決定が遅れたり、決定すべきものがなされなかったりする。住民自身も決定のプロセスに関心をもつことで、決定のプロセスを透明で公平なものにしていかなければならない。

そして、当然のことながら、計画は実施しなければ何の意味もないのであり、計画をその通りに実施していくことになる。実施していくためには、誰が具体的に取り組み、誰が責任をもつのかが明確でなければならない。

（7）評価

政策が決定された場合、決定されたということを理由にしてその政

策がかたくなに維持されるということがみられた。無駄を指摘される
公共事業がその典型である。しかし、近年ではそうした政策のあり方
に疑問がもたれ、政策への評価が求められるようになっている。した
がって、政策は常に評価され検証され続けなければならない。日本で
も2001年に「行政機関が行う政策の評価に関する法律」が制定され、
政策評価が本格的に実施されるようになった。

　では、何を評価するのであろうか。第一に、その政策が本当に国民
や社会にとって必要なものであるのかどうかである。立案の段階では、
要請されたものを並べることになりがちであるが、真に必要か見直す
べきである。

　第二に、使われた費用に対して、それに見合うだけの効果があがっ
ているかである。財源に限りがある以上、費用と効果との関係は無視
できない要素である。費用に対してどの程度問題の解決が図られたの
か、検討されなければならない。

　ただし、福祉政策の場合、少数の人の利益を実現することも重要で
あり、効率だけを求めてはならない。たとえば、患者数の少ない難病
の研究や治療法の開発は、多額の費用が必要である反面、直接の利益
がある人はわずかである。しかも、難病であるから、簡単に治療法が
発見できず、明確な効果がみられないまま費用だけを要する状態が続
くかもしれない。だからといって、マイナスの評価を下すのは慎重で
あるべきであろう。したがって、道路などと同じ方法で効果を数量的
に評価するのではなく、実質を問うべきである。

　第三は、必要性に対応するだけの効果があがっているかである。サ
ービスを用意しても実際には予想に反して利用者が少ない、といった
ことがありがちである。サービスの提供の方法に問題はなかったか、
情報提供に不適切な点はなかったかが問われるべきであろう。

ただ、福祉政策の場合、第二の場合と同様、数量的な判断は避けるべきである。利用は少なくても、あるということで安心できるという見えない効果も考えられる。たとえば、病児保育が開始されたとする。結果的に子どもが病気にならずに、利用しない家庭もあるであろう。しかし、いざという時に利用できるサービスが用意されていることで、安心して子育てができるので、日々の安心感には大きなものがある。

　第四は、実施していく手順や方法が適切であったのか、実際にどの程度のサービスが供給されたのかである。現実には、予算がついたことで、とにかく執行するということになりやすい。市民や利用者の声を聞きつつ、適切に実施されているのかどうか絶えずチェックすることが必要であろう。

　こういった評価をして、効果が確認できたとしても政策が妥当であったのかどうかは、なお慎重な判断が求められる。福祉政策として不適切であったとしても、他の要因で好ましい効果が得られる場合も少なくない。たとえば、少子化対策が一定の効果をあげたように見えても、それが福祉政策の成功であるかどうかは即断できない。他の要因、たとえば景気回復とか、著名人の出産とかの影響かもしれない。

　また、誰が評価するのかという問題がある。まず考えられるのは、政策を立案した者自身による自己評価である。自己評価を行うことは、政策を立案した者の当然の責務である。しかし、自己評価は、客観的な指標に基づいて適切に行われないと、「お手盛り」による甘い評価であるとの批判を受けて、かえって信用を失うことにもなりかねない。

　したがって、第三者機関を設置して、第三者による評価を求めることが必要であろう。また、市民によるチェックを求めることも大切である。市民の側も、行政に任せきりにするのではなく、絶えず監視する姿勢をもつことで、福祉政策の質が高まっていく。そのためには、

情報公開が欠かせない。

　現在のところ、政策評価が十分な実績をあげているとはいえず、今後実績を重ねて信頼を得ることが求められる。評価の根拠、指標も明確とはいえない。福祉政策の場合、数字であらわせる結果だけで評価しづらい面がある。

　また、評価は、政策立案にフィードバックされて、はじめて意味をもつものである。いたずらに評価だけが深まっても、政策に生かされないのであれば、無駄な仕事がさらに増えることになりかねない。

【参考文献】

Ｇ.エスピン－アンデルセン著　岡沢憲芙・宮本太郎監訳（2001）『福祉資本主義の三つの世界』ミネルヴァ書房

神野直彦・山本隆・山本恵子（2011）『社会福祉行財政計画論』法律文化社

京極髙宣（2013）『福祉レジームの転換　社会福祉改革試論』中央法規出版

中島修・菱沼幹男（2015）『コミュニティソーシャルワークの理論と実践』中央法規出版

鶴野隆宏（2014）『社会福祉理論としての家族福祉論　社会福祉理論の課題と新しい家族福祉論』みらい

第7章

福祉サービスの供給と利用過程

第1節　福祉供給部門

（1）公的部門

　福祉サービスを誰が供給するのであろうか。誰がどう供給するべきかについて、特に政府などの公的部門と、民間との関係について議論が重ねられてきた。戦後しばらくは、福祉国家への志向のなかで、公的責任が強調されて公的部門が主たる役割を果たすべきという主張が強く出された。

　しかし、現在では公的部門以外での供給も広がっている、福祉サービスは公的部門によって一元的に供給するのではなく、さまざまな部門を活用した多元化、福祉ミックス論が強調される傾向にある。

　まず、公的部門について検討する。公的部門とは政府や地方公共団体（都道府県・市町村）を指す。公的セクター、政府セクターといった表記が使われる場合もある。法律や制度に基づいて、政府や市町村自身によってサービスが供給される。福祉国家の流れのなか、また日本では憲法25条で社会福祉・社会保障の国家責任が明記されていることから、重視されてきた。

　公的部門の役割が特に大きいのは、市場による供給が不可能な領域である。たとえば公的扶助は、生活困窮者に現金給付を行うので、これを民間の部門で対応できるはずがなく、当然公的部門が担うしかない。

　公的部門は、ナショナルミニマムを実現し、福祉サービスを権利としてとらえていくうえで大きな役割を果たしてきた。また、他の供給部門が未成熟な場合に、代替して役割を果たす必要もあった。財源については必要なだけ税として徴収することができるので、財源の点で

は有利である。社会福祉の公的責任という場合、公的部門が福祉サービスを供給することで公的責任が果たされたと解された。

　こうした状況のなかで、戦後の日本では公的部門への期待がふくらみ、あたかも福祉サービスはもっぱら公的部門が担うべきであるというイメージさえ広がった。

　しかし、何もかも公的部門が担えばいいわけではない。公的部門のもつ問題点として、公平に供給される反面、個々のニーズへの個別の対応が困難である。また、財政が拡大し、いわゆる「大きな政府」になって非効率であるという指摘がある。法制度を根拠とするため、創造的で柔軟な活動をすることが困難である。現実には法制度が想定しない課題が発生する。その場合、民間の部門が柔軟に対応してきたのに対し、公的部門の動きが鈍いことが指摘されてきた。

　かつては、社会福祉の権利性を重視して公的部門に大きな期待をかける考え方もあったが、現在では、他の供給主体との関連でとらえるのが一般的である。すなわち、公的部門があらゆるサービスを供給するのではなく、公的部門がなすべき役割を果たすことで、他の供給部門を支えていくことの重要性が説かれるようになった。

　そのため、公立で運営されていた施設を民間に委譲する動きも広がっている。また、地方分権のなかで、政府や都道府県よりも、市町村に重きが置かれるようになっている。

　しかし、公的部門の存在意義が低下したかのようにとらえるとすれば、それも不適切な理解であろう。生活における福祉の役割が高まれば、公的部門の役割もまた高まるのである。それはまず、提供するサービスの水準確保である。民間非営利部門や民間営利部門がサービスを供給する場合、低水準のサービスが提供される危険もある。そこで一定の水準を示し、低水準のサービスが提供された場合に何らかの対処を行う。

水準確保とも関連するが、福祉サービスの公平で適正な提供への監視である。残念ながら、施設内での虐待、不正などが発生しているのが現実であるし、そこまでいかなくても利用者からの苦情が生じるなどのケースは少なくない。そうしたことを解決していくには、公権力の行使も必要であり、公的部門が担うしかない。

　民間非営利部門・民間営利部門が提供する場合であっても、財源の確保は公的部門で責任を負う必要がある。財源の確保は、税や保険料が中心であり、強制力が伴うので公的な責任で確保するしかない。

　このように、一定の質を保った福祉サービスを安定的に供給するためには、公的部門の役割がきわめて大きい。

（2）民間非営利部門

　民間非営利部門は、民間であるので公的部門とは異なる。しかし、営利は目的としていないので企業とも異なる。ボランタリーセクターといった表記もある。具体的には、社会福祉法人、特定非営利活動法人（NPO法人）などである。生活協同組合・農業協同組合など、協同組合による福祉サービスの提供の動きも多くなってきた。

　民間であるので公的部門と異なり、創造的で柔軟な活動が可能である。法制度にないサービスでも提供していくことができる。利用者の立場に立って、政府や企業に要求を出していくことが可能である。

　社会福祉法人が長く民間社会福祉の担い手として大きな役割を果たしてきた。ただ、措置制度のもとでは、財源が安定している反面、柔軟性や創造性などの本来の民間性を発揮することは困難であった。措置制度は縮小されて、社会福祉法人の経営の自由度は増してきた。さらに、民間非営利部門の典型として、特定非営利活動法人への期待が

表　特定非営利活動促進法による特定非営利活動

1．保健、医療又は福祉の増進を図る活動
2．社会教育の推進を図る活動
3．まちづくりの推進を図る活動
4．観光の振興を図る活動
5．農山漁村又は中山間地域の振興を図る活動
6．学術、文化、芸術又はスポーツの振興を図る活動
7．環境の保全を図る活動
8．災害救援活動
9．地域安全活動
10．人権の擁護又は平和の推進を図る活動
11．国際協力の活動
12．男女共同参画社会の形成の促進を図る活動
13．子どもの健全育成を図る活動
14．情報化社会の発展を図る活動
15．科学技術の振興を図る活動
16．経済活動の活性化を図る活動
17．職業能力の開発又は雇用機会の拡充を支援する活動
18．消費者の保護を図る活動
19．前各号に掲げる活動を行う団体の運営又は活動に関する連絡、助言又は援助の活動
20．前各号に掲げる活動に準ずる活動として都道府県又は指定都市の条例で定める活動

大きくなった。NPO法人は制度発足以来、大幅に増加してきて社会福祉の多様なニーズに対応している。

　今後とも民間非営利部門が主要な役割を果たすのはまちがいない。利用者のニーズは多様化しており、多様なニーズに迅速に対応するには、公的部門には限界がある。今後も急激な社会変化が予想され、それへの対処も民間非営利部門が適している。

　しかし、民間非営利部門に過大な期待をかけることはできない。財政的には独自の財源に乏しく不安定である。そうなると、一定の水準

のサービスを安定的に供給することが困難になる。だからといって、財源を補助金などの公費に求めれば、公的部門に近い存在になってしまって、法制度に縛られる比重が高まるし、政府に要求を出すことも難しい。

　民間非営利部門の財源として寄付金がある。「赤い羽根」をシンボルとした共同募金が、寄付金を集める手法として長く取り組まれ実績をあげてきた。しかし日本では寄付の文化が根づいているとはいえない。そもそも福祉サービスの提供には多額の費用が必要であり、寄付金に頼る活動には限界がある。

　財政が不安的であれば、職員の処遇も不十分になりがちである。そうなると、高い専門性をもった有能な職員を継続的に多数確保することは困難である。民間非営利部門にとって、優秀な人材を確保し、定着してもらうことに課題がある。

　自由であるがゆえに、一部では不適切な運営の事例がみられる。少数の幹部が私物化し、不当な利益を得ていたとか、補助金などの不正請求をしていたといったケースがある。

　だからといって、行政が厳しく監視すると、自発的に柔軟に活動するという民間非営利部門本来の役割が果たせなくなる。行政の監視に任せるだけではなく、利用者や市民によるチェックを強化するしかないであろう。

　とはいえ、これからの福祉を考えた場合、公的部門が広がる状況になく、民間非営利部門が対処できる範囲には限りがある。民間非営利部門が主たる役割を果たしていくべきであろう。今後ますます必要になる福祉政策への市民参加の拡大や、福祉政策のチェック機能などは、民間非営利部門が担うべき領域である。

（3）民間営利部門

　民間営利部門とは具体的には民間企業を主に指し、株式会社や有限会社の形態をとる。営利を目的とするので、活動にあたっては利益を残すことが求められる。

　かつては、民間営利部門は供給主体として不適切であると考えられていた。社会福祉は「愛」や「奉仕」が前提であるとされ、それは営利追求と相容れないと思われた。福祉サービス供給の対象が低所得者に限定されていたので、そこから利益をあげることは困難であった。実際に民間企業が福祉サービスを担うことは稀であった。

　しかし、増大していくニーズを公的部門や民間非営利部門だけで、すべてまかなうことは困難になった。福祉サービスの質を向上させるには、抽象的な「愛」とか「奉仕」を強調するだけでは限界がある。営利企業による競争意識や起業精神が、有効であると考えられた。

　企業側からみた場合、以前はニーズが乏しかったので利潤につながらなかったが、現在では利潤をもたらす可能性が高くなっている。高齢者介護の場合、ニーズは所得にかかわりなく発生するので、高所得者がサービス利用を希望することもある。また、介護保険でのサービス提供は、要介護認定に基づく一定の範囲にとどまるが、その範囲を超えたサービスを望む人もいる。

　介護保険によるサービス事業者として営利企業も認められている。さらに介護保険が該当しないサービスにも「ビジネスチャンス」がある。

　しかし、民間営利部門には問題点も多い。福祉サービスは人件費の占める比重が高い。手っ取り早く利益をあげるには、人件費を抑制することになる。そうすれば、職員は低賃金となったり非正規職員ばかりになり質が低くなる可能性がある。民間営利部門では利益が出ない

場合、撤退する場合もある。

　スーパーやコンビニなら、不採算なときに撤退するのはやむを得ないであろう。常連客にとって多少不便にはなるが、他の店で買えばいいだけである。しかし、福祉サービスは、継続的な利用を前提としていることが多いうえ、高齢者施設や保育所を考えればわかるように、撤退するからといって簡単に別の事業者のサービスに変えられるわけではない。突然の撤退による利用者の不利益はきわめて大きいものになる。

　一部の事業者とはいえ、不正をしていたケースもある。不正自体は他の供給部門でも発生しているので、民間営利部門特有というわけではないものの、民間営利部門でとりわけ不正に走る動機が強い。利益にのみ関心があり、福祉の思想や哲学を欠いた人物が経営していることも少なくない。

　利益のあがりにくい離島や山間部では供給が難しいなどの問題点がある。そもそも、営利につながらないサービスは供給されない。たとえば、児童虐待防止の活動に民間企業が参入するというのは考えられないことである、ホームレス支援など、福祉の課題のなかには、利用者に支払い能力がほとんどないケースも少なくない。

　このように民間営利部門には問題とすべきことも少なくないのであるが、すでに実際に民間営利部門によって供給された福祉サービスが広がっている。そうしたサービスで生活が支えられている人も多くいる。今後の福祉政策において、民間営利部門を排除することは現実的ではない。しかし、民間営利部門の限界を考えた場合、これからの社会福祉の主流となることを期待するのは行き過ぎであろう。その果たす役割はおのずと限定的にならざるをえない。

（4）インフォーマル部門

　家族、友人、地域の人たちなど利用者と取り巻く周辺の人たちを指してインフォーマル部門と呼んでいる。これらはむろん、制度化されたものではない。こうした人たちが自発的に福祉サービスの機能を果たしていくものであり、利用者を支えていくためには欠かせない存在である。福祉ニーズには制度によって対応しなければならない領域だけでなく、制度では対応が困難であったり、あるいは制度で対応すべきでない課題も少なくない。

　たとえば、高齢者の孤独死の防止を考えた場合、制度的な支援には限界がある。仮に何らかの制度をつくるとすると、個人の自由を侵害する可能性もある。近隣の人たちによる支援、すなわち地域の見守り活動とか、近隣の人が孤独死の可能性の高い人について交流して、見かけないときに訪問するという関係を維持していくことが有効であろう。

　地域にはたくさんのニーズが潜在化している。これらニーズをすべて専門職によって対応することは不可能である。幸い地域には、住民の生活課題に関心をもつ人がいる。そうした人を活用していくことで、暮らしやすい地域を築くことができる。インフォーマル部門をしっかり視野に入れて、社会福祉のあり方を考えるべきである。

　しかしながら、インフォーマル部門は、不安定なものであることも否めない。地域によっては担い手として適切な人があまりいないこともありうる。地方では人口減少により、支えあう機能が低下している。都市部では、近隣に関心を持たないで生活する人も少なくない。

　インフォーマル部門の重要性を口実にして、制度で対処すべき福祉サービス提供をインフォーマル部門に押し付けるようなことがあってはならない。しかし、インフォーマル部門を積極的に活用することで、

安心して生活できる地域を築くことができるのも、まちがいない。

（5）部門間の調整・連携・協働

　4つの部門を説明したが、これらの部門のどれかがすぐれているとか劣っているとかということはない。それぞれ特徴があるので、特徴を踏まえて個々のサービスについて最適な形を検討していくことになる。

　また、どれか一つを選択するということではなく、連携したり組み合わせたりすることも考えなければならない。たとえば、子育て支援を考えた場合、子育て世帯への日常的な見守り、一般的な育児情報の提供、悩みへの助言などは、近所に住む住民が担うべきことであり、すなわちインフォーマル部門が担当する。しかし、子どもに疾病や障害があるかもしれない、というケースで医学的知識が必要だったりすると、インフォーマル部門では限界がある。保健師を派遣するといった、公的部門の対応が求められるであろう。

　また、子どもを対象としたスポーツやレクリエーション活動を考えると、一定の組織や指導者が必要ではあるが、その組織が公営であったり指導者が公務員であったりする必然性はない。民間非営利部門で対応できることであろう。また、公的部門や民間非営利部門だけでは対応しきれない特殊なニーズで、保護者にある程度の経済力がある場合に、民間営利部門の出番があることも考えられる。

　このように、「あれかこれか」ではなく、全体としてどう組み合わせることが最適かを考えなければならない。そのためには、ソーシャルワーカーが中核になって、個々のケースにおいてどう組み合わせるべきかを検討していくことになる。また、部門の枠を越えた連携の仕組みも構築しなければならないであろう。各部門が他の部門の特性を理

解し、自らの部門ですべて抱え込むのではなく、不得意なことがあれば他の部門に依頼していくことなど、相互に違いを乗り越えた協力が求められる。

第2節　福祉サービス利用の課題

（1）スティグマ

　福祉サービスは、利用要件を満たしていれば、権利として利用できるものである。しかしながら現実には、ニーズがあるにもかかわらず、利用者が福祉サービスの利用に消極的になるという状況がみられる。そのようになりがちであることを認識し考慮して支援を進めていかないと、適切な支援が実現しないことになる。

　消極的になってしまう理由の一つは、福祉サービスを利用するにあたって、スティグマと呼ばれる感情をもつことである。かつての福祉サービスは、貧困者や孤児と称された子どもなど、社会的に差別されている人が主な対象であった。そのため、福祉サービスを利用する人は、何らか差別される要因をもっている人という印象があった。

　現在では、福祉サービスは、すべての人にとって必要な、生活に欠かせないものへと性格を変えてきた。たとえば、介護保険によるサービスは、要支援・要介護認定を受けることだけが要件であり、所得の多寡や家族の有無などで左右されない。

　しかし、今なおかつてのイメージからぬけ出せず、福祉サービスを利用することについて、恥ずかしいという感情をもってしまう人がいる。特に生活保護では、資産調査などを伴うなど、受給手続きのプロ

セスで個人のプライバシーに踏み込むことがあるので、スティグマの感情を持ちやすい。生活保護以外の福祉サービスについても、積極的に利用せず、最後の手段であるかのように捉える人が少なくない。

そのために、地域から「こういう人がいるので、対応してほしい」という相談があってワーカーが駆けつけて福祉サービスの利用を勧めても、なかなか利用にいたらないことがある。

福祉サービスの利用に消極的な人について、その消極さを責めても根本的な解決にならない。社会全体になお残るスティグマという感覚をなくす努力をなすべきなのである。福祉サービスの利用はすべての人にとっての当然の権利であり、利用することは生活の一部として当たり前だという感覚を常識にしていかなければならない。

ただ、スティグマが消極さのすべての理由ではない。福祉サービスが、他の一般的なサービスと比べて、使いにくさを感じることは否めない。手続きが煩雑だったり、利用しようとするサービスが魅力を感じにくい、といった理由も考えられる。自己責任や自立を過度に強調することも、消極さを促進しているであろう。利用者が福祉サービスを使おうとしない場合、スティグマのせいにしてしまうのではなく、個別的にその理由を把握すべきである。

（2）情報の非対称性

福祉サービスは制度を前提として供給されることが多いので、サービス内容、自己負担の額、どういうときに利用することが望ましいのか、といったことがわかりにくい。たとえば、「グループホーム」というとき、それがどういうサービスを提供する場で、利用する場合のメリットやデメリットがどういうものであるのか、わからない人のほ

うが圧倒的に多いであろう。

　一方、ソーシャルワーカーをはじめとしたサービス提供側にいる者は熟知している。こういう双方のもつ情報に著しい差がある状況を、情報の非対称性という。情報の非対称性があると、情報を持つ側が圧倒的な優位にたつ。情報のない側、すなわち福祉サービスの利用者は、情報のあるソーシャルワーカーの提案や助言について、疑問を出したり違う意見を述べることが難しくなってしまう。

　情報の非対称性が著しいのは、医療である。医師は豊富な医学知識や経験があるのに対して、患者にはほとんどないので、医師から言われるがままの治療になりがちであった。それが反省されて、現在では、患者の権利が尊重され、インフォームド・コンセントの考えにより、医師は患者に対して十分な説明をすることが求められ、あくまで患者が医療の主体であることが認識されている。

　同じように、福祉サービスにおいて、ワーカーの立場が過剰に強まる危険性がある。いつの間にか利用者はワーカーの情報量に圧倒されて、自己決定の意欲が低下しているかもしれない。ワーカーとしては情報の非対称性があることを認識し、利用者がどういう情報をもとに判断しようとしているのか考慮したうえで支援をしていかないと、サービスを利用し始めてから「思っていたサービスと違う」という苦情を利用者から受けることになるであろう。

　また、利用者への情報提供を日常的にしっかり行って、利用者がもつ情報を多くすることで非対称性を緩和する努力も欠かせない。

（3）受給資格

　福祉サービスについて、受給資格をどう設定するか、ということが

絶えず課題になってきた。福祉サービスは何らかの生活課題の解決の
ために提供されるものであるので、生活課題を有しない人に提供され
ることはありえないはずである。

　しかも、サービスに要する経費の相当部分は、税や保険料という公
的な財源でまかなう。一般のサービスなら費用を利用者が全額支払う
ので、事業者としては利用者に真にニーズがあるかどうかを確認する
ようなことはしない。しかし福祉サービスは公的な財源が用いられる
ので、ニーズの乏しい人にまで供給するわけにはいかない。

　ところが、サービス内容によっては、生活課題がなくても受給する
と利益になる場合がある。現金給付が特にそうである。現物給付であ
っても、たとえばホームヘルパーに来てもらって掃除などをしてもら
えれば、一般の清掃業者に依頼するより安価になる。本来支払うべき
費用が少なくなるので、実質的に現金給付に等しい利益になる。

　したがって、何らかの受給の条件を明確にしないとモラルハザード
が起きて、不要な人への過剰な給付がなされかねない。福祉サービス
が不足しがちななかでの過剰な給付は、真に利用すべき人が利用でき
ないということでもある。

　サービスが十分に供給できるのならば、資格設定が緩やかでも、さ
ほど混乱はないかもしれない。しかし、現実には、財源や人材の限界が
あって、十分には用意できていないことが多い。そうなると、何らかの
条件を付けて、条件を満たした人にのみ供給するという仕組みでなけ
れば、高いニーズをもちながらサービスを利用できない人と、さほど
ニーズはないのにサービスを利用している人が出てくることになる。

　こうしたことから、給付にあたって、条件を付することになる。生
活保護では、補足性の原理が定められ、保護の前提として資産活用が
求められるし、収入が保護基準を下回っていることが要件である。こ

うした点を調査した後に、生活保護の適用が決定されることになる。

　介護保険によるサービスを受けるには要介護認定という手続きがあり、調査の結果要介護と認められることで、サービス利用が可能になる。非該当と判断されれば、サービスは利用できない。障害者においても障害支援認定が求められる。

　こうして受給資格を設定することはやむを得ないことではあるのだが、問題が存在することも否めない。何らかの基準を設定しても、基準には達していないけれども、明らかにニーズが存在している、ということがありうる。

　基準というものにジレンマがある。公平性を重視すれば、なるべくシンプルな仕組みがわかりやすくて望ましい。しかし、シンプルにすると、ニーズが発生する多様な要素が抜け落ちて、ニーズがあるのに基準は満たさない、という事態が発生しやすくなる。

　たとえば、介護保険における要介護認定では、身体・精神状況によって判断する。家族関係とか住宅の状態など、社会的な要因を考えない。公平さや明確さという点では優れた基準となっているといえるかもしれない。

　しかし、歩行が不自由であっても、バリアフリー化している自宅の1階で、自由に動くことができ、外出もある程度は1人でできる人もいる。一方で、足がやや痛む程度で歩行できるのだが、エレベーターのないマンションの上層階に住んでいるため、自由に動けない人もいる。要介護認定としては、前者のほうが重くなる。

　また、基準を判断するために、何らかの情報を収集することになる。たとえば生活保護であれば、所得、資産、家族関係などの情報を収集するが、その収集をすべての人について的確に行うのは限界がある。収集される側からすれば、本来ならプライバシーとして秘密が保護さ

れることについて、調査されてしまうので、スティグマにもつながる。

受給資格を満たしていないと判断されて、サービスを利用できなかった人からは、不満や疑問が出てくる。受給資格を厳しく運用して、満たさない人を切り捨てるというような発想では、現実に困っている人を見捨てることにもなる。

道徳的な基準を受給資格として設定すべきだという議論もある。たとえば、1946年に制定された（旧）生活保護法では、素行不良者については保護しないことを定めていた。しかしこの規定には批判が多く、1950年の現行の生活保護法ではなくなった。

生活保護において、浪費、遊興などで困窮にいたった者は保護すべきでないという意見がある。医療保険をめぐっても、喫煙者について給付を減らすというように、疾病の原因が自己の行動にあると思われる場合に、給付を抑制すべきだという声がある。

しかし、日本の社会保障制度では、道徳的な基準を設定して受給資格を制限するようなことはしていないし、今後もするべきではない。道徳的な基準を設けることは、ある種の市民感情には合致しているかもしれない。けれども、実際にやろうとしたら課題や弊害が多くある。そもそも、その人が不道徳かどうかをどういうルールで誰が判断するのか。誰しも程度の差はあっても不道徳な行動をしているはずである。給付を申請した人について、行政が不道徳な行為を探し出して恣意的に給付しないということが可能になる。

また、不道徳な行為をしたことが、給付を要する状態になった原因なのか、因果関係は明確ではない。飲酒が健康に好ましくないことは一般論としてはいえるが、その疾病が飲酒のためなのか、断言することはできない。給付を制限すると、本来なら利用できる支援が利用できず死に至ることもありうる。喫煙を理由に医療保険の給付を制限し

た場合、生活に困窮している人は、自己負担で治療を受けるのではなく、治療自体を諦めることになる。そうすれば、死亡にもつながる。

　受給資格というものは、誰かを切り捨てるために設定したものではない。まず、あるサービスを公平に提供していくために活用する。同時に、多様なニーズのあり方があることを認識し、課題をかかえている人がいたら、個別的に状態を把握し支援の方策を探ることが大切である。

（4）福祉サービスと国籍

　国家という枠組みにおいて、外国人への福祉サービス提供はどうあるべきかが問われている。「1960年頃に国民皆保険・皆年金が実現した」と説明されるが、この時点では在日外国人については国民年金や国民健康保険が対象外とされた。そのほか、外国人には適用されない福祉サービスや社会保障制度は珍しくなかった。是正されるのは、日本が1982年に難民条約を承認したことによる。難民条約で社会保障制度について難民に同一の待遇をするように求めている。このため外国人について、日本人と同等に社会保障制度を適用することになった。

　現在では社会保障制度の適用条件は居住しているかどうかであって、国籍は問われなくなった。ただ、生活保護制度は現在でも、本来は、外国人は対象ではないが人道上の理由で準用する、という位置付けである。外国人は実質的に生活保護を受給できるが、権利ではないと考えられている。

　この問題は個々の福祉サービスに焦点をあてて議論するというより、そもそも地域住民と誰なのか、地域は誰によって構成されるのかという、シティズンシップ（市民権）という根本的なところで議論すべきであろう。1980年代までは、在日外国人という場合、相当部分は、在

日韓国人・朝鮮人であった。この人たちの多くは戦前から日本に居住して、すでに日本に生活の拠点をもっていた。

　その後、グローバル時代を迎え、国籍、人種、民族、宗教などにおいて多様な外国人が日本で生活するようになった。日本人と外国人との結婚も普通のことになった。二重国籍といった事態も発生しやすい。さまざまな人と共生する時代になったのであり、社会保障制度も、時代に対応したものであるべきであろう。

　日本で長期間生活している人について、日本の社会保障制度を適用することは当然であって、その点ではもはや議論の余地はない。しかし、日本に住む外国人に、外国に住む家族がいる場合にどうなるのか。逆に日本人が外国に定住している場合、日本側がどこまで責任を負うのか。外国人が日本に旅行など短期間滞在している場合の、社会保障制度の適用はどこまでなのか、など論点は少なくない。

　国籍とは何か、市民とは誰か、という議論を国際化する現実のなかで真剣に考えていく必要がある。

【参考文献】
　移住者と連帯する全国ネットワーク編（2019）『外国人の医療・福祉・社会保障　相談ハンドブック』明石書店
　守本友美・水谷綾・立石宏昭編（2011）『福祉系NPOのすすめ　実践からのメッセージ』ミネルヴァ書房
　岡部卓・長友祐三・池谷秀登編（2017）『生活保護ソーシャルワークはいまより良い実践をめざして』ミネルヴァ書房
　杉崎千洋・小野達也・金子努（2020）『単身高齢者の見守りと医療をつなぐ地域包括ケア　先進事例からみる支援とネットワーク』中央法規出版
　東洋大学福祉社会開発センター編（2018）『つながり、支えあう福祉社会の仕組みづくり』中央法規出版

第 8 章
福祉政策と関連施策

第1節　所得保障

（1）所得保障の必要性

　私たちは生活に必要な物資やサービスを金銭によって購入することで、生活を成り立たせている。そのため、金銭を安定的に得ていくこと、すなわち所得のあることが、生活のうえで不可欠である。通常は就労することで所得を得るのであるが、失業、疾病、高齢などの理由で就労できなくなると、所得が大きく下がってしまう。その場合、たちまち困窮することになる。

　生活に不可欠な水準の所得が得られない場合、「低所得」とか「貧困」と呼ばれることになる。戦後の日本は、経済発展のなかで就労が比較的容易であったため、所得が安定する人が多かった。その結果、貧困に対する関心が薄れ、あたかも日本では貧困の問題が解消したかのようなイメージが流布することにもなった。

　しかし、1990年代のバブル崩壊、さらには2008年のリーマンショック以降、失業や賃金の低下が広がり、貧困の存在が認識されるようになった。所得を失う要因である、失業、低賃金、ひとり親家庭、高齢などは、特別な不運な境遇の人の話ではなく、誰もが遭遇しうる状況である。貧困について、あたかも自己責任であるかのような言説が流布されるが、こうしてみると、元来、私たちの生活のなかには、所得を失うリスクが数多くあるうえ、近年の経済構造の変化のなかで、ますますリスクが高まっている。

　仮に所得を失ったまま何の社会的支援もなければ、たちまち困窮し、最悪の場合、生きること自体もできなくなってしまう。それを防いで

誰もが生活を維持できるようにするために、所得保障の制度によって、社会的な支えを用意しておかなければならない。

（2）主な所得保障制度

　所得保障を実現するために、制度が整備されてきた。主な所得保障の制度として、公的扶助、社会手当、年金がある。

　公的扶助は、困窮して健康で文化的な生活ができない場合に、税を財源として現金給付を行うものである。わが国では生活保護制度が該当する。税が財源なので、保険料のような個人負担は不要であるが、受給するための要件は厳格であり、すでに低所得であることはもちろん、資産が乏しいことなども条件となる。

　社会手当は、ある一定の要件に該当する人たちに、現金給付を行うものである。児童手当や児童扶養手当がこれにあたる。税を財源とするという点では、公的扶助と同様であるが、公的扶助とは異なり、資産調査は行われない。ただし、所得制限が設けられる場合が多い。また、個別的な事情は考慮せずに定型的な給付を行う。

　年金は保険料を徴収して財源を確保し、長期にわたって現金給付を行う制度である。実際の必要性に対応するのではなく、支払った保険料に対応して年金額が決まってくる。そのため、所得が高かった人が保険料も多く支払ってきたために多額の年金を受け取り、低所得の人は保険料の支払いが少ないために年金額が低くなりがちである。そのため所得保障として十分に機能しきれていないのが現実である。保険料を長期間滞納したことで、年金が支給されなかったり、支給されても低い金額にとどまったりする場合もある。年金制度の存在にもかかわらず、高齢者らが年金給付だけでは不足し、生活保護制度を利用す

る場合がある。

第2節　生活保護

（1）生活保護制度の意義と概要

　生活保護制度は、憲法25条で規定された、健康で文化的な最低限度の生活を保障する制度であり、生活保護法によって規定されている。国家責任による無差別平等の考え方によって、健康で文化的な生活を下回る状況に陥った場合に、税を財源にして、個別的な給付を行う。無差別平等といってもそれは、たとえば全員に1人1ヶ月10万円支給するといった画一的な対応を意味するのではない。最低生活保障という実質における平等をめざしている。年齢、性別、居住地、家族構成、障害の有無などによって、生活保護によって支給される金額は異なってくる。

　生活保護の運用のうえで、とくに大切なのは、保護の補足性の原理である。所得が少ないからといって、ただちに生活保護が適用されるわけではない。生活保護を受けるためには前提として、預貯金や不動産などの資産の活用、労働するという能力の活用、扶養義務者が存在する場合の扶養の優先、他の法律や制度が適用可能な場合に他の法制度をまず活用するといった、生活保護以外の方法を利用して、生活費を確保することが求められる。それでもなお、生活に困窮する場合に、生活保護が適用されることになっている。

　ただし、資産活用という場合、今の日本社会で常識的な物、たとえばテレビなどの保有は認められる。能力活用の場合も、勤労能力があ

っても、現実に就職ができなければ生活保護が適用されるのではあるが、その判断には微妙な部分がある。扶養の優先といっても、扶養義務者（たとえば、困窮した高齢者がいた場合、その子ども）は自分が困窮してまで扶養しなければならないわけではない。こうした結果、どの範囲まで、資産活用や扶養の優先を適用すべきなのかをめぐって、議論が絶えない。

　生活保護の内容には種類があり、生活扶助、住宅扶助、教育扶助、医療扶助、生業扶助、介護扶助、出産扶助、葬祭扶助の 8 種類である。食費、被服費、光熱費などの日常生活に必要な費用をまかなうのが生活扶助である。家賃や住居の補修費など住宅に関連する費用をまかなうのが住宅扶助、義務教育の費用をまかなうのが教育扶助である。生業扶助は、就職に必要な費用をまかなうものであるが、高校進学に必要な費用も生業扶助として支給されている。

（2）制度の課題

　生活保護の受給者は、高度経済成長期には減少傾向にあった。その後1970年代から80年代半ばまで増加に転じたが、1980年代半ば以降減少した。しかし、1990年代半ば以降は増加傾向にある。特に近年は、過去最大の受給者数となるなど、増加傾向が顕著である。

　増加している理由は、高齢者は年金以外に安定した所得がないので困窮しやすいこと、非正規雇用の広がりなどの雇用の不安定化、親族や地域での支えあいの希薄化などの要因が重なっていることが考えられる。したがって、増加傾向は今後も続く可能性が高い。

　生活保護について、不正受給などの事件が発生すると、制度への厳しい批判が高まる。もちろん不正受給を許してはならないが、制度そ

のものは国民の安定した生活を支えるうえできわめて大切であり、議論するときには制度への正確な理解に基づいて、冷静になされるべきである。生活保護は、所得保障の制度の根幹の一つとして、今後も機能していくことになろう。

第3節　社会手当

　社会手当は生活保護制度よりも利用しやすいので、該当する場合に、多くの国民が利用してきた。なかでも身近な制度として利用されているのが、児童手当である。児童のいる家庭は、いない家庭と比べて経済的負担が大きくなることから、1971年に制定された（施行は72年）。以後、対象となる児童の範囲をはじめとして、制度が頻繁に改正された。2009年に誕生した民主党政権下で、「子ども手当」の名称で、対象や支給額が広げられた。しかし、所得制限のないことへの批判や、民主党が公約として掲げた給付額、月2万6千円を実施する財源が確保できないことから、2012年に一部を縮小して再び児童手当となった。

　児童手当については、1990年代から少子化問題の深刻化を背景にして、制度の頻繁な改正が繰り返されてきた、ことに2009年に成立した民主党政権の目玉政策である「子ども手当」として、大幅に拡充された。しかし、拡充への批判もあり、その後は給付水準などが若干後退しているものの、民主党政権誕生以前と比べると、なお高い水準にある。今後とも、制度の理解にあたっては、常に最新の情報を得る必要がある。

　児童扶養手当は、「父又は母と生計を同じくしていない児童が育成される家庭の生活の安定と自立の促進に寄与するため」（児童扶養手当

法第1条）に支給するもので、父子家庭、父母の重度障害などのさまざまな対象が含まれるが、主として、離別や、婚姻によらない出産による母子世帯が対象である。児童1人の場合は41,550円、2人の場合46,550円、3人以上は1人につき3,000円加算される。なお、死別による母子家庭の場合は、遺族基礎年金、さらに夫がサラリーマンであれば遺族厚生年金も支給されるため、これら年金が受給できる場合は対象外である。

　このほか、障害児者の関係の手当がある。20歳未満の精神または身体の障害をもつ子どもの親などへの特別児童扶養手当、20歳未満で身体または精神の障害により、日常生活において常時の介護が必要な場合、障害児本人を対象とした障害児福祉手当、20歳以上で著しく重度の障害があるために常時特別の介護を要するものを対象とした特別障害者手当がある。

第4節　年　金

（1）年金制度の意義

　所得保障の中心的な役割を果たすのが年金である。わが国では1959年制定の国民年金法により国民皆年金が実施されており、日本に住所を有する者は、何らかの形で年金に加入することになる。

　年金とは、あらかじめ予想される所得減少のリスク（具体的には、高齢者になる、障害者になる、配偶者の死亡）に対して、あらかじめ保険料を徴収して備えておき、リスクが発生した場合には長期にわたって（多くは終身）、現金を支給するものである。

なぜ年金が必要なのかは、年金のない社会を想定すれば、明らかである。年金制度が想定するリスクのなかでも切実なのは、高齢者になるということであろう。年金がなければ、高齢期の生活費をあらかじめ個人で貯蓄しておかなければならなくなる。そうなると、毎月の給与からかなりの額を貯蓄にまわすことになる。実際には高齢期を安心してむかえることのできる金額を貯蓄することは困難である。大部分の人は、高齢期の生活困難を予測して不安におののきながら暮らすことになる。

また、仮に国民全員が高齢期に向けて必死で貯蓄するとなると、遊興費などへは支出できなくなり、多くの産業が成り立たず、日本の経済は破綻する。

実際には、そうしたことになっていない。それは年金制度があるためである。年金制度は、個人の安心のうえでも、経済の発展のうえでも必要不可欠な存在なのである。

（2）制度の概要

年金制度はまず、国民全員を対象とした基礎年金（国民年金）がある。被保険者は3つに分かれる。まず、第1号被保険者である。農業者や自営業者を主に想定した区分であるが、近年では非正規雇用者や無職者が目立っている。20歳以上60歳未満で、第2号・第3号被保険者でない、日本に住所がある者は、全員が加入する。

会社や役所に雇用されている場合は、第2号被保険者となる。第2号被保険者は、基礎年金だけでなく、厚生年金に加入する。保険料は定率の保険料を、事業主と被保険者が折半し、被保険者の負担分は給与から天引きされる。

図6　年金制度の概要

概　要　　　　　　　　　　　　**年金制度の大系**

○現役世代は全て国民年金の被保険者となり、高齢期となれば、基礎年金の給付を受ける。(1階部分)
○民間サラリーマンや公務員等は、これに加え、**厚生年金保険**に加入し、基礎年金の上乗せとして報酬比例年金の給付を受ける。
(2階部分)
○また、希望する者は、iDeCo（個人型確定拠出年金）等の私的年金に任意で加入し、さらに上乗せの給付を受けることができる。(3階部分)

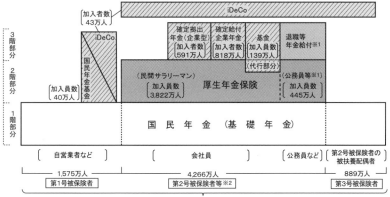

出所：『平成30年版厚生労働白書』資料編、p.236

　第2号被保険者の被扶養配偶者、くだけていえばサラリーマンの専業主婦が第3号被保険者となる。第3号被保険者は自分で保険料を支払う必要はない。第3号被保険者の保険料は、第2号被保険者全体で負担している。

　支給される年金は、まず老齢年金である。基礎年金の場合、原則として65歳から支給される。老齢基礎年金を受給するためには、10年間の受給資格期間が必要となる（従来の25年から短縮）。サラリーマンの場合、老齢基礎年金に加え、2階部分として老齢厚生年金が支給される。

　障害者については1・2級の障害基礎年金があり、2級の場合、老齢基礎年金の満額と同額、1級はその1.25倍の額となる。厚生年金加

入者の場合、1〜3級の障害厚生年金が加わる。1・2級は障害基礎年金と障害厚生年金がともに支給されるが、3級の場合、障害厚生年金のみが支給されることになる。

　被保険者が死亡した場合、子のある配偶者、または子に遺族基礎年金が支給される。この場合の「子」とは18歳（障害児の場合は20歳）に達する年度末までの者である。死亡した者が厚生年金の被保険者の場合は、遺族厚生年金が支給される。遺族厚生年金は遺族基礎年金よりも支給対象となる遺族の範囲が広く、子のない妻なども対象になる。終身受けることも可能である。

　以上が概要であるが、年金制度は高齢化がますます進むなか、制度の維持や世代間の公平をはかるために、制度改正が不可避である。年金について学ぶ場合、最新の情報を把握する必要がある。また、サラリーマンの場合は保険料が給与から天引きされるが、第1号被保険者の場合、自ら支払うことになる。その場合、滞納してしまう被保険者が少なくない。滞納が長期化すると、年金の支給額が少なくなり、最悪の場合は無年金になる。今後、そうしたケースが増加することが懸念されている。

　年金について、高齢化のなかで制度が崩壊するといったネガティブな議論がある。確かに現状のまま安定的に推移できるとは考えられない。しかし、老後の生活手段として、年金は不可欠である。仮に年金制度がなくなると、高齢期の生活費はどうなるであろうか。自分で貯金するとした場合、65歳から95歳まで生きることを想定すると30年間分の生活費を確保しなければならない。1年間の生活費を150万円と考えると、4,500万円となる。これだけの金額を65歳までに自力で貯金できる人は、あまりいないだろう。年金なしに老後生活はありえないという現実をふまえた議論が求められている。

第 5 節　保健医療

（1）医療保障の必要性

　疾病や傷病は、さまざまな生活上のリスクのなかでも、とりわけ遭遇する可能性が高い。しかも、そのために死亡したり、多額の費用を要したりと、深刻な結果をもたらすことも少なくない。保健医療は、生死をも左右するなど、私たちにとって必要不可欠な社会資源である。特に、高齢者、児童、障害者といった、福祉サービスの利用者になりやすい人は、病気にもかかりやすく、福祉サービスとともに、保健医療を必要としている。あるいは、保健医療を必要としたために、福祉サービスをも利用するようになるというケースもある。社会福祉にとって、もっとも関係をもちやすい領域であり、社会福祉士および介護福祉士法第47条では、社会福祉士資格をもつ者に保健医療サービスとの連携を求めている。

　保健医療の保障に求められるのは、保健医療それ自体の適切な供給である。病院や診療所などの医療機関が全国にくまなく設置されて、どこに住んでいても、安心して利用できることが求められる。わが国では、自由開業医制がとられ、民間による供給が中心になっていて、国公立病院の比重は大きくない。ただし、一般の企業や商店のような意味で自由なのではない。都道府県ごとの医療計画が策定されており、医療資源の適正な配置と医療提供体制の体系化を図るため、医療圏と呼ばれる地域的単位を設定して、適正な医療の供給に努めている。

　保健医療は他の業種と異なり、従事者に高度な専門性が欠かせない。

医師、歯科医師、看護師、保健師、助産師、理学療法士、作業療法士、薬剤師など、領域ごとに国家資格が設けられている。これらの資格は、高校卒業後、おおむね 3 ～ 6 年の専門教育を受け、国家試験に合格することによって得ることができる。人間の命を直接預かる職業であり、それだけ高度な要件が課せられているのである。

　さらに、地域での保健体制を整備するため、公衆衛生の中心的機関として保健所が設置されている。保健所は都道府県、指定都市、中核市、政令で定める市または特別区が設置する。健康相談、保健指導など住民への個別的な支援については、市町村が市町村保健センターを設けている。

　わが国の保健医療サービスを他の先進国と比較した場合、GDPに占める医療費の比率は低い。それでいて、国民の医療機関へのフリーアクセスが確保され、患者側が医療機関を選択することが可能である。しかも、低い乳幼児死亡や長い平均寿命を実現するなど高い成果をあげている。全体としてみれば、整備が進んで、私たちの身近な存在になっている。

（2）医療保険制度の体系

　こうして、保健医療の体制が整えられているが、それだけで人々の生命が守られるとは限らない。医療の特性として、病棟の整備や人件費、薬剤、医療機器など多額の経費がかかる。それを一般のサービスと同様に、経費に利益を上乗せした価格で供給すると、ときに数十万円から数百万円といった高額になってしまう。それでは、療養のために生活が破綻することになる。そこで、誰でもが負担可能な費用で利用できる制度の構築が求められる。わが国は、国民皆保険によって、

図 7　保険診療の仕組み

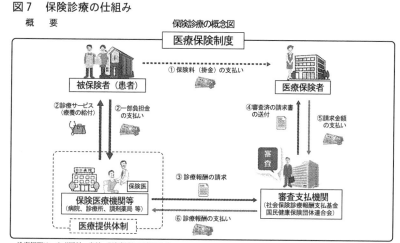

診療報酬は、まず医科、歯科、調剤報酬に分類される。
　具体的な診療報酬は、原則として実施した医療行為ごとに、それぞれの項目に対応した点数が加えられ、1点の短歌を10円として計算される（いわゆる「出来高払い制」）。例えば、盲腸で入院した場合、初診料、入院日数に応じた入院料、盲腸の手術代、検査料、薬剤料と加算され、保険医療機関は、その合算額から患者の一部負担分を差し引いた額を審査支払機関から受け取ることになる。

出所：『平成30年版厚生労働白書』資料編、p.30

　原則として日本に住所をもつものすべてに医療保険によって医療を保障する体制をとっており、誰もが安心して医療を利用できる社会をめざしてきた。国民が少額の保険料を支払うことで財源を確保して、そこから医療費の給付を行うことで、医療を利用する個人の負担を軽減するのである。

　わが国の医療保険制度は、誰もが安心して医療が利用できる制度として、大きな成果をあげてきた。反面、制度が形成されていくときの歴史的な経緯があって、職業別の複雑な体系になっている。

　雇用されている民間サラリーマンについては、健康保険と呼ばれる制度に加入する。健康保険には大きく2種類ある。主に中小企業の従業員は、健康保険協会（協会けんぽ）に加入する。主に大企業の場合、企業ごと、または複数の企業が共同して設立した健康保険組合に加入する。公務員は共済組合に、私学教職員は私学共済に加入する。サラ

リーマンに扶養されている者（専業主婦、子どもなど）は、被扶養者として扶養している者の保険に加入することになる。

　自営業者、農業者らを主な対象として、国民健康保険がある。国民健康保険は、市町村が保険者になっているが、一部の業種（医師、歯科医師、薬剤師、理容・美容師など）については各種国民健康保険組合が設置されていて、そちらに加入する。

　高齢者については、75歳未満については、該当する制度に加入するが、それだけだと国民健康保険に退職後の高齢者が多数加入する一方、健康保険や共済組合は定年制度のために高齢者の加入が少なくなるという問題が発生するので、各制度間の財政調整を行って高齢者による財政負担を平準化する。75歳以上の高齢者（障害の場合65歳以上）は、全員が後期高齢者医療制度に加入する。後期高齢者医療制度は、都道府県ごとに全市町村によって構成される、後期高齢者医療広域連合によって運営される。

　医療保険制度があることで、医療費の７割が医療保険より給付され、３割の自己負担のみで医療を受けることができる。後期高齢者の場合は、１割の自己負担のみである（2020年現在）。

　３割の自己負担が必要だとすると、大きな手術や長期入院などの場合に、自己負担額が数十万円に及ぶような高額になる場合もある。それでは、一般の者はとうてい負担できない。そこで、負担が高額になる場合は、高額療養費制度があり、１ヵ月の負担がある一定額を上限とすることになる。このほか、出産育児一時金などの給付がある。

　こうした法的に義務づけられた給付を法定給付というが、健康保険組合、共済組合等、国民健康保険組合の場合は、法定給付に上乗せした、附加給付をすることができる。

　なお、医療保険以外の医療費負担の軽減策として、難病患者の場合

などについて、公的な医療給付の制度がある。また、子どもの医療費
を自治体が負担して、患者の負担を軽減しているなどの措置がとられ
ている場合もある。生活保護受給者は、医療費の全額が医療扶助によ
ってまかなわれる。

（3）保健医療の課題

　わが国の保健医療がこれまで高い成果を上げてきたとはいえ、決し
て理想的ではなく、現在さまざまな課題が噴出してきているのも、ま
た事実である。

　第一は、医療従事者の不足や偏在である。地方を中心にして医師が
確保しにくい状況になって、病院の縮小や閉鎖といった事態まで起き
ている。産婦人科や小児科など一部の診療科目での不足も指摘されて
いる。看護師の不足も深刻であり、各病院は看護師の確保に苦労して
いる。また現に働いている医師や看護師の労働過重、最悪の場合過労
死も心配されている。医師や看護師は、他の職種と比べ適性や能力が
より強く要求されるうえ、養成に時間がかかるので、募集すれば集ま
るというわけにはいかない。今後の高齢化のなかで、より多くの人材
が必要になるはずであり、解決は容易ではない。

　第二は、医療保険制度の問題である。各制度はおおむね財政的に困
難になる傾向にあり、とりわけ高齢者医療に要する費用が増加してい
る。財政難になると、保険料を引き上げることになる。それは、被保
険者の実質的な所得を低下させることになり、生活苦につながりかね
ない。健康保険や共済組合の場合、保険料は給与から天引きされるが、
国民健康保険では自ら支払うことになる。保険料が高くなることで、
支払えない人もあらわれている。

医療保険制度改革の論点の１つとして、混合診療の解禁が議論されている。混合診療とは、同一の診療行為において、保険診療と、保険を適用しない自由診療とを組み合わせることである。現在は原則としては認められていない。ただし、保険外併用療養費という名称で、高度先進医療などを対象とした「評価医療」、快適性・利便性や医療機関・医療行為の選択による「選定医療」として、一部例外が認められている。さらに先進的な医療について患者からの申し出によって実施する「患者申出療養制度」が設けられた。

　混合医療が認められないため、新薬が開発された場合に、その新薬が保険適用されるまでに時間を要して、せっかくの新薬がそれまで事実上使えないという問題があるなど、弊害も指摘されている。しかし、混合診療を認めた場合の弊害も大きい。新薬や先進医療などが、保険適用されないまま広がっていくと、保健適用される治療法や薬は次第に陳腐化する。最新の医療はやがて自由診療の負担に耐えられる富裕者しか利用できなくなり、国民誰もが安心して平等に医療が受けられるという医療保険の理念が崩壊する可能性が強い。混合医療の解禁について、賛否の意見があって、この議論の着地点が見出せていない。

　第三は、高齢者医療である。高齢者については、後期高齢者医療制度を柱に提供されている。後期高齢者医療制度の財源について、現役世代の負担があって、これが医療保険の財政難にもつながっている。今後、高齢化がますます進むなかで、高齢者への安定的な医療サービスを提供していく必要がある。高齢者医療は、介護サービスとの連携で考えていくべきであり、医療と介護との役割分担も再考の余地がある。

　第四は、疾病構造が変化したことへの、適切な対応である。今日では、糖尿病や高血圧症のように完全な治癒は困難であるが、適切に対応していればすぐに重症化するわけではない疾病への対処が、医療の

柱となってきた。あるいは、がんが日本人の死亡原因の1位になっている。がんは、かつては発見後ほどなくして死亡することが多かったが、現在ではある程度生存していくことができるようになった。ただ、完治するのは一部のがんを除いて、やはりなお難しい。つまり、死亡はしないが、完治もせず、長期的に医療を利用し続けなければならないということである。そうなると、医療費もかさむので、経済的な支援が欠かせないし、患者への精神的なサポートも必要である。

　治療期間が長期にわたると、入院よりも在宅での治療が中心になる。これまでは、患者が常時、病院を利用することが医療の通常の形であったが、それでは対応できず、在宅での治療を支えるシステムが求められる。

　以上の課題は例示的に取り上げたもので、他にも議論すべき課題は多いであろう。これらか課題の解決にとって欠かせないのは、保健医療サービスと社会福祉を統合して考える視点である。保健医療の課題が深刻になっている理由の1つは、必ずしも保健医療として対応しなくてよいことについてまで対応してしまっているので、人員や財源が不足するのである。保健医療と社会福祉双方の制度やサービスのあり方を見直すことで、改善できる点も少なくないであろう。

第6節　雇　用

（1）働く人への政策

　多くの人にとっては、働いて所得を得るのが基本である。職業に就く目的は、経済的な安定を確保するためだけではない。自分が社会にとって有用な存在であることを自覚する、人間関係が広がる、さまざ

まな技能や知識を身につける、などのさまざまな意義がある。雇用されることで、生活課題のかなりの部分は安定する。したがって、多くの人は就職し、あるいは自営業や農業によって自ら職業を持つのである。

しかし逆にいえば、職を失った場合、収入が途絶えるだけでなく、人間関係、社会的信用など失うものが大きい。失業から派生してさまざまな問題を引き起こし、深刻な事態が発生することにもなる。雇用について自己責任と捉える見方がある。確かに、私たちは自分の適職を考え、自分で就職活動をする。就職後は社会の一員として、責任感をもった働きが要求される。けれども、現実には深刻な不況のなかで就職先が少なくなることがあるし、日本の雇用慣行では、中高年になってからの就職は容易ではない。障害や高齢などの事情で就職が困難な人も少なくない。そこで、雇用を私的な問題とのみ考えるのではなく、雇用を確保することを政策の面からも推進していかなければならないのである。

また、失業の広がりは、失業している個人が生活困難に陥るだけではない。社会全体としても、消費の減退などの経済への悪影響、犯罪の増加、社会運動の激化など、社会不安にもつながる。

わが国は海外と比べて、失業率は比較的低い水準にとどまっている。しかし、雇用が安定しているわけではない。正規雇用が減少し、非正規雇用が増加している。新卒一括採用を基本としているため、高校や大学の新卒時には就職しやすい反面、新卒時に就職に失敗したり、中途で退職して再就職しようとしたりする場合、困難がある。工場の海外移転による製造業の空洞化、公共事業の減少による建設業の縮小など、従来多数の雇用を受け入れてきた業種において、以前ほど受け入れられなくなっている現実もある、その一方で人手不足を嘆く業種もあって、雇用のミスマッチが指摘されている。

　雇用の確保には、多面的な対策が必要である。そもそも経済活動が活発で、多数の求人がある状況が望ましいので、企業が雇用を広げうる状況をつくる必要がある。職種によっては、特別な能力や資格を求められる場合があるので、能力や資格を希望する人に、それが得られる条件を整備する必要がある。雇用に関する情報提供も大切であるし、公共職業安定所（ハローワーク）によって、個別の就職支援もなされている。

（2）雇用保険

　このように、雇用の確保は大切であるが、雇用にともなって発生する社会的リスクが存在するので、それへの備えも準備しなければならない。雇用されている労働者の生活を守る仕組みとして、労働保険があり、労働保険には雇用保険と、労働者災害補償保険の2つの制度が設けられている。

　雇用に関連するリスクへの対応として、まず失業した場合などに備えて、雇用保険制度がある。雇用保険は、雇用されている者を被保険者とし、事業主と被保険者が折半して保険料を支払う。主な保険給付は求職者給付であり、その柱は基本手当である。基本手当は、離職から原則として1年以内に、被保険者期間や離職理由によって定められた期間（90日〜330日）、受け取ることができる。受給額は離職前6ヵ月の賃金をもとに算出される。求職者給付のほか、就職促進給付、教育訓練給付、雇用継続給付がある。雇用継続給付は、現在雇用されている者が、継続して雇用されるよう支援する制度であり、高年齢雇用継続給付、育児休業給付、介護休業給付の3つがある。育児休業給付は、育児休業中に賃金が得られなくなることに対応して給付を行うものであり、働きながら子育てをする家庭にとって欠かせない制度で、

少子化対策としても重視されて、内容が充実されてきた。

　終身雇用制が崩れ雇用が流動化するなか、雇用保険はこれまで以上に生活の支えとして重要性を増している。しかし、非正規雇用が広がるなか、脱法的に加入していない企業があったり、基本手当の給付期間が、現実に就職に要する期間に十分対応できていなかったりするなど、必ずしも機能していないことなどが課題となっている。

（3）労働者災害補償保険

　働くことのもう一つのリスクが、働くことを原因として負傷したり疾病にかかったり、場合によっては死亡することである。その場合、雇用を失って所得がなくなるばかりでなく、治療費を支払うことになって、生活が破綻しかねない。そこで、こうした場合の対応として労働者災害補償保険（労災保険）が設けられている。労災保険は、他の社会保険と異なって、保険料は事業主のみが負担し、労働者が負担しないことが特徴である。労災保険は、労働災害が発生した場合に労働者に対して給付を行うのであるが、労働災害というとき、1つは業務を直接の原因として発生する業務災害である。たとえば、工場の機械の操作によって負傷した、といった災害である。業務災害に加え、通勤中の事故によって負傷するなど、通勤にともなって起きる通勤災害も、労災保険の対象に含まれている。

　保険給付は業務災害、通勤災害とも内容は同じであるが、業務災害の場合、給付の名称に「補償」という語が含まれるが、通勤災害には含まれない。傷病にともなう療養を給付する療養（補償）給付、傷病によって休業し賃金が受けられない場合の休業（補償）給付、障害が残った場合の障害（補償）給付（障害の重さによって年金または一時金）、死亡

した場合の遺族（補償）給付（年金または年金の受給資格者がいない場合の一時金）として、死亡して葬祭を行うための葬祭料、傷病が治癒しない場合の傷病（補償）年金、介護を必要とする場合の介護（補償）給付がある。また、労働安全衛生法による健康診断で脳血管疾患や心臓疾患での異常項目がある場合、二次健康診断と特定保健指導が行われる。

　労働災害といえば、かつてのイメージは、工場や工事現場で勤務中に負傷するといったケースであろう。こうした災害への対応は現在も重要である。一方で、産業構造が、サービス業や金融業などに移ってきた。こうした業態では、負傷するリスクはさほど大きくはないが、ストレスや長時間勤務にともなって、過労死、精神障害、脳や心臓の疾患を引き起こすことがある。その場合、工場での負傷に比べ、労働災害であることが立証しにくく、労災認定をめぐってトラブルになることが少なくない。

　もちろん、もっとも大切なのは、労働災害自体が発生しないように最善を尽くすことである。長時間労働をはじめ、労災につながりかねない労働者の過剰な負担となる働き方への対処が必要である。

（4）就職の困難な人への支援

　近年の日本社会では、就職が容易ではない実態が広がっていて、学校新卒者など健康な若年者でさえ、就職に苦労する実態がある。まして、障害や高齢など何らかのハンディをもつ場合、より困難になってしまう。そうした人が、他の人と同様に採用試験を受けても、採用にいたる可能性は低く、いつまでたっても就職できない。しかも、ハンディをもつ人は、経済的な困難が深刻である場合が多く、就職がより必要かつ緊急である。これを企業の自由な採用にまかせていては、い

つまでも解決できない。そこで、法制度によって、規制をしたり、国や自治体への何らかの取り組みを課したりすることで、就職の実現をめざすことがある。

　なかでも障害者の就職は困難であるので、障害者について、障害者の雇用の促進等に関する法律（障害者雇用促進法）が制定されている。同法では、民間企業や公的機関に対して、障害者を一定の割合で雇用することを義務づける、障害者雇用率制度を設けている。民間企業の法定雇用率は次第に引き上げられ、2021年から2.3％になっている。雇用率を達成できない場合、障害者雇用納付金が課せられ、逆に雇用率を超えて雇用する場合は、障害者雇用調整金・報奨金が支給される。

　しかし、それだけで障害者の雇用が実現できているわけではなく、障害者の就職への意欲を高めつつ、適職を見出して企業と結びつけるという、総合的な支援も必要である。障害者総合支援法においても就労支援が推進されている。

　高齢者も、多くの企業では定年の制度があり、ある年齢に達すると、職場を去ることになる。高齢になった場合、肉体的な力など労働能力が低下することは避けられないが、しかし長期間にわたって蓄えられた仕事のノウハウなど、むしろ若年者よりも高い能力をもっていることもある。また、定年で職場を去る年齢と、年金の受給開始年齢との間が空いていると、その間の生活が成り立たなくなる。そこで、高年齢者等の雇用の安定等に関する法律（高年齢者雇用安定法）によって、雇用確保への対応などを規定している。

　高齢者の雇用を推進することについて、若者の仕事を奪うのではないか、企業の負担になるのではないか、といった批判も聞かれる。しかし、高齢者にふさわしい仕事や期待される役割と、若者のそれとでは大きく異なっているので、高齢者が雇用されることが、そのまま若者の

仕事を奪うわけではない。広く見れば、高齢者が高い所得を得て消費すれば、それだけ経済活動が活性化するので、結果的には若者の働く場が増えることになる。また、高齢者雇用とは、企業が高齢者を温情で雇うことではない。企業は当然、雇用した高齢者に賃金相応の働きを要求してよい。したがって、企業に損害が発生するものではない。

　ホームレスと呼ばれる人たちの雇用促進も課題である。ホームレスにいったんなってしまうと、住所や通信連絡手段がないこと、何よりホームレスであること自体が致命的な不利になって、就職が厳しくなる。就職が見つからないうちに、日に日にホームレスの期間が長くなり、ますます就職できなくなって、やがて本人の意欲も低下する悪循環に陥る。しかし、職を失ったことによってホームレス化した人が大部分であるので、就職すれば、問題の相当部分は解決する。そこで、ホームレス自立の支援等に関する特別措置法（ホームレス自立支援法）が制定され、自立支援策の柱として就労支援が盛り込まれている。

　こうして、就職の困難な人への支援がなされているが、十分ではない。たとえば、母子世帯の母親が、子育てに必要なだけの賃金を得る仕事に就くことができない。やむなくパートなどの低賃金の職に就くものの、子育てに足る所得は得られず、困窮してしまう。そのしわ寄せは、結局子どもにきてしまい、「子どもの貧困」が問題化している。新卒時に不況であったために就職できずに、やむなく非正規雇用によって働いていた人が、その後正社員をめざしても、困難といわれている。こうした状況を改善するには、雇用のシステム全体への改革を議論すべきである。ただ、それには時間がかかるのも事実であり、当面は個別の相談体制を強化するなど、支援の仕組みをしっかりと動かしていくことが必要であろう。

第7節　教　育

（1）教育と社会福祉

　教育は、人間が成長していくうえで不可欠であり、憲法26条に「すべて国民は、法律の定めるところにより、その能力に応じて、ひとしく教育を受ける権利を有する」と定められている。そして教育のあり方を示した教育基本法があり、そこでは教育の目的として「教育は、人格の完成をめざし、平和で民主的な国家及び社会の形成者として必要な資質を備えた心身ともに健康な国民の育成を期して行われなければならない」と規定されている。教育を受けることは、人間にとっての基本的な権利でもある。国としても、義務教育の整備はもちろん、幼稚園、高等学校、大学などの教育体制を整備してきた。また文部科学省において教育行政をとりおこない、地方自治体には教育委員会を設置している。

　教育と社会福祉は、いずれも人間のもつ力に働きかけて発達をはかっていくことを主要な内容に含んでいる。誕生し、成長していくなかで、幼稚園、小学校、中学校というように、教育を受けつつ成長する。一方で、保護者が育児について子育て支援を活用したり、子どもが児童館を利用したりと、福祉サービスを利用する。誰もが、教育と社会福祉の双方を活用しつつ、成長するのである。生活保護を利用しつつ就学する子どももいる。

　また、現在では教育という場合、学校教育という狭義の教育だけでなく、社会教育や生涯学習など人生全体にかかわる広いものをも含めて考える。長寿社会においては、職業からの引退後、新たに何らかの

学習の場に参加することもある。高齢期に年金で所得を確保しつつ、生涯学習に参加するといったことになり、教育と社会福祉の双方を活用する期間も長くなる。

　そうはいってもなお、教育の主要な対象は児童である。児童のなかには、発達や生活のうえで、何らかの課題を有している場合がある。障害児、病児、低所得家庭の児童などであるが、その場合、教育においても配慮が必要であるが、同時に社会福祉の支援の対象でもある。このように、教育と社会福祉とは近接する領域である。

　子どもをめぐるさまざまな課題が、より広がっているのが実態である。そのため教育と社会福祉との連携が、ますます強く求められている。それら課題は、学校だけでの解決は困難である。一方で、子どもは学校に通っているので、福祉サービスだけで援助が完結することはなく、双方ともかかわっていくことが必要である。たとえば児童虐待である。その子どもが学校に通っている場合、学校は虐待を発見しうる場である。しかし学校で発見できたとしても、学校だけで虐待を解決することは難しい。しかし、児童相談所など福祉機関の支援だけで対応できるわけではない。子どもをそのまま見守るにせよ、保護するにせよ、学校に通い続ける以上、その後の支援において、学校と社会福祉の支援との連携を強めるべきである。

（2）特別支援教育

　教育のなかでも社会福祉との関連がより大きいのは、障害、疾病など何らかのハンディをもった子どもの場合である。教育基本法第4条2項では「国及び地方公共団体は、障害のある者が、その状態に応じ、十分な教育を受けられるよう、教育上必要な支援を講じなければなら

ない」と定めている。障害をもつ子どもへの教育は、個々の障害に対応した個別的な教育を、一定の専門性をもった教員が、整備された設備のもとで行うことが必要とされ、2007年3月までは、養護学校、盲学校、ろう学校が主な場であった。当時は障害児教育と呼ばれていたが、現在では、特別支援教育と呼ばれ、特別支援学校または通常の学校の特別支援学級を中心にして進められている。

　発達障害をもつ子どもへの、教育のなかでの配慮が求められている。発達障害者支援法では、国や地方公共団体が「その障害の状態に応じ、十分な教育を受けられるようにするため、適切な教育的支援、支援体制の整備その他必要な措置を講じるものとする」と定めている。発達障害では、障害それ自体の存在さえ見過ごされることもあり、どのような教育が望ましいか模索されている。

　障害児について、他の子どもと分離する形で教育をすることには異論があって、1979年に養護学校義務化がなされた際には、「むしろ普通の学校に通学させるべきだ」との考えから、反対運動が起きた歴史がある。どういう形態での教育が最善なのか、簡単に結論は出せないが、少なくともどんなに重い障害をもっていても、教育によってその子どものもつ潜在的な力を伸ばすことができるのであり、すべての子どもの教育を受ける権利を保障すべきであることは明らかであろう。

（3）福祉教育

　小学校、中学校、高等学校などの教育の場で、何らかの方法で社会福祉についての関心を高める教育をすることが求められており、いわゆる福祉教育の試みがなされてきた。人間は生まれつき、障害者への偏見をもっているはずはないのに、いつの間にか障害者へのネガティ

ブな意識が形成されてしまう。そうではなく、ノーマライゼーションや共生の思想を、自然に身につけていくことが望まれる。それには教育の中で、社会福祉に触れていくことが一つの方法であろう。地域において住民が社会福祉の担い手であるためには、一人ひとりが社会福祉への関心と認識を持つことが前提である。学校も、関心や認識を持つきっかけとなる場である。また、現在の社会では、誰もが社会福祉の利用者になりうるし、逆にボランティアや地域活動などの担い手にもなる。社会福祉の当事者としての意識の涵養も必要である。

　では、具体的にはどのように福祉教育を推進していくのであろうか。一つは一般の教科、すなわち国語、英語といった教科のなかで、何らかの形で社会福祉に関連する事項を取り入れる方法である。たとえば、国語や英語の教材に社会福祉に関連する内容が含まれる文章を用いるといったことが可能である。あるいは、家庭科においては、保育や高齢者のことが含まれているし、保育所や高齢者施設などを訪問するといったこともなされている。日本史や世界史において、社会福祉に関連する史実を積極的に取り上げることもできる。「総合的な学習」では、社会福祉に関連する事項がよく扱われる。社会福祉を直接的に扱いやすい科目と、数学のようにそれが難しい科目があることは確かだが、どの科目であれ、人間の幸せの実現のために設定されているはずであるので、社会福祉の視点を含みつつ指導がなされるべきであろう。

　もう一つは、教科外の活動のなかで福祉活動を行う方法である。部活動や、その他の自主的な活動は、各教科の教育に比べると、教員の裁量や生徒の自主性の幅が大きい。生徒へのボランティアの推奨、手話や点字の学習、障害者をはじめ何らか福祉に関連する人による講演、映画の上映、社会福祉を周知するポスターや展示物などの製作、などである。

　いずれであれ、学校だけで福祉教育を完成させることはできず、社

会福祉協議会や社会福祉施設など、社会福祉の団体・施設の協力が欠かせない。一方で教員側も社会福祉に関心をもって積極的に学ぶことが望まれる。また、生徒の発達段階や関心を見極めながら行うべきである。嫌がっていることを無理やりさせて、福祉教育で不快な思いをすると、福祉全般への不信感を持つ逆効果になりかねない。あるいは、ボランティアの時間には、人権や共生が語られつつ、他の時間には競争主義が過剰に語られるなどといった、矛盾したことがなされると、生徒はそうした欺瞞をすぐ感じとって社会福祉への嫌悪感をもちかねない。うっかりすると、福祉教育に使命感を感じた一部教員の取り組みになりやすいので、教育全体の課題にきちんと位置づけるべきである。

（4）スクールソーシャルワーク

　このように、教育を通じた社会福祉の実現の可能性がある反面、学校において、社会福祉と逆行する実態が生じていることも否めない。不登校、いじめ、学力不振、非行、家庭の貧困などの問題が発生している。こうした状況に対し、もちろん学校がその解決に努力すべきなのは当然である。一方で、不登校の子どもを対象としたフリースクールの取り組みのように、教育に関心をもつ人たちによる、学校外での取り組みもみられる。事案によっては、無理に学校が早急な解決をめざすよりも、学校外での取り組みを活用するほうが、むしろ早期の解決にいたることもある。

　また、これらの問題について、解決をすべて教員に要求するのには、限度がある。教員はそうした諸問題の解決について、訓練を受けてきたわけではない。現実的にも多忙で、対応できる時間が乏しい。ケースによっては、子どもや保護者が学校や教員に不信感をもってしまっ

て、教員が対応することでかえって解決が困難になることもある。

　すなわち、常時子どもと接している教員が対処するより、一歩距離を置いた立場から高い専門性によって対処するほうが適切なことがよくある。そこで、スクールカウンセラーがおかれてきて、効果をあげてきた。心理的内面的な要素が強い問題の場合、カウンセリングは有効であり、今後とも活用が期待される。しかし、近年の問題は、人間関係や地域にかかわる要素など、複雑な状況を背景にしている。解決策も、多様な社会資源を用いた柔軟で幅広いアプローチが欠かせない。それには、社会福祉援助の手法がより有効である。そのため、ソーシャルワークによる援助を学校において活用していくスクールソーシャルワークが提唱されるようになった。実際に設置がすすんで成果をあげている。スクールソーシャルワークは、社会福祉士を基盤としつつ、より高い専門性が求められることから、日本ソーシャルワーク教育学校連盟では、スクールソーシャルワーク教育課程認定事業を行っている。

第8節　住　宅

（1）福祉の場としての住宅

　人は住宅を暮らしの場にするのであり、住宅なしに人間らしい暮らしはありえない。地域や在宅を軸にして社会福祉を考える場合、現に住んでいる住宅が福祉の場になるので、いくら福祉サービスだけ充実しても、住宅が福祉の実施にふさわしい場でなければ、福祉は実現しない。

　しかし今日、わが国の住宅にはさまざまな問題がある。大都市部で

は人口が密集していて、狭い土地に住宅を建てるため、おのずと狭い住宅になり、しばしば2階建てで階段も急になりがちである。隣の家との距離が近いので、騒音などでのトラブルにもなりやすい。団地、マンション、アパートなど集合住宅も少なくない。集合住宅のなかには、エレベーターがないために、障害者や高齢者が使いづらいなどの問題がある。

わが国では、住宅を権利としてとらえる視点が乏しい。住宅政策の基本は持ち家政策であり、住宅の保持を自己責任と考える視点が強い。確かに住宅を自分で所有していれば資産でもあり、生活の安心にもつながる。しかし現実を考えると、都市部では地価が高く、勤務先の近くに自宅をもつことが困難であった。そのため、勤務先のある都心から遠く離れた場所に建てるしかなく、自宅を保有するかわりに、長距離通勤を強いられてきた。大部分の人はローンを組んで購入するが、ローン返済のため生活レベルが下がり、なかには返済できなくなって、破産する人までいる。

賃貸住宅の場合、契約時にまとまった資金が必要であったり、保証人を求められたりするなど、いくつかの要件を満たすことが必要である。要件を満たしにくい人は、生活上の条件を満たすには不十分な物件であっても、契約可能な住宅であればやむなく選択せざるをえない。

住宅事情が悪いなか、高度成長期以降、団地と呼ばれる集合住宅が大都市周辺を中心に多数建設された。これらは、建設時には最新の設備が備えられて、入居を希望する人が多かった。しかし、現在それら団地は老朽化してきた。エレベーターがなく、階段が急であるなどバリアフリー度も低い。高齢者にとっては、住みにくい環境になっている。室内の様子が、外部からわからないので、孤独死の要因ともなっている。同様に、マンションも大都市部で普及してきたが、建設後数

十年経過したマンションは、老朽化の問題が深刻化している。なかには、管理が行き届かず、危険性すら生じているものもある。

　最近建設されたマンションは、設備などは最新なので、快適性にはすぐれ、バリアフリーにも工夫がなされている。反面で、オートロック式で外部から第三者が入ることができないなど、閉鎖性が強い。地域の人間関係の形成や、マンション周辺地域との交流などの点で問題をかかえている。

　こうして住宅が、社会福祉の観点からではなく、主に経済的な問題から考えられてきた。そのため、住む人が経済苦になると、住宅を失ってしまい、最悪の場合ホームレスになる人もいる。自己責任のもとでの住宅政策を基本としつつ、高齢者や障害者などの特別なニーズをもつ人に限って、何らかの個別の対策がとられているものの、現行の対策だけでは課題を解決しきれていないのが実態である。

（2）住宅政策

　では、具体的にどのような政策がとられてきたのであろうか。明治以降の都市への人口移動において、住宅が一つの大きな課題であった。都市部ではスラムと呼ばれる、非常に劣悪な住宅も珍しくなかったこともあり、住宅問題を社会事業の一課題として捉える見方もあった。1923年の関東大震災後には、住宅を失った人への住宅供給のため同潤会が設立され、集合住宅が建設された。

　戦後になると、都市部での住宅確保が深刻さを増し、政府としても対策を進めていく。1950年に住宅金融公庫法、1951年に公営住宅法が制定された。高度経済成長期になると、住宅重要がより高まっていく。1955年に住宅・都市公団法、1965年に地方住宅供給公社法が制定された。

こうして、住宅関係の法制度が整備されてきたように見えるが、持ち家政策が柱であり、公的な住宅保障は、公営住宅によってある程度はなされたものの、部分的なものにすぎなかった。高度成長期に大都市部では、急激な人口増加もあって、十分な住宅が確保されなかった。また、政策の多くは勤労者家族を念頭に置いたものであり、高齢者のひとり暮らしなどはあまり想定されていなかった。

　しかし、ようやく1995年に、当時の建設省（現・国土交通省）より長寿社会対応高齢者住宅設計指針が示された。住宅を確保していく法や制度が、その後さらに進んでいる。1999年には住宅の品質確保の促進等に関する法律（住宅品確法）が、2001年には高齢者の居住の安定確保に関する法律（高齢者住まい法）、さらに2006年に住生活基本法、2007年には「住宅確保要配慮者に対する賃貸住宅の供給の促進に関する法律（住宅セーフティネット法）が制定された。

　高齢化のなかで関心が高まったのが、バリアフリー住宅である。高齢化が問題になる以前の住宅は、室内の各所に段差があり、とりわけトイレや浴室に何らかの障壁がみられた。若くて元気なときは、さほど問題はないものの、高齢になって足腰が不自由になってきたときに生活が不便になり、思いがけない事故が自宅で起きることにもなった。そこで、段差を減らし、手すりなどをつけ、トイレや浴室も使いやすくした、バリアフリー住宅へのニーズが高まっている。既存の住宅は改装し、新築する場合は、あらかじめバリアフリーを意図した設計にする。

　一方で、過剰な対応は、身体を動かす機会を減らして、かえって体力や身体能力の低下をまねきかねないとの議論もみられる。個々の家族の状況のなかで、適切な住宅を設計する必要がある。

　このように、住宅に関する施策が推進されてきている。しかし、住宅政策を担当しているのは、基本的には国土交通省である。そのため、

社会福祉と関連付けて施策を推進することには困難がともなう。しかも、住宅政策がとかく、不況時の景気対策の手段として重視されるなど、経済的な面から関心が寄せられる面があった。しかし、近年の立法では、高齢者も問題も視野に入る傾向にはあり、かつてと比べると変化してきた。バリアフリー住宅にしても、設計や建築など住宅の専門家と、社会福祉やリハビリテーションの専門家との協力が欠かせない。民間資格ではあるが、福祉住環境コーディネーターという資格も設けられている。社会福祉の側から、よりいっそう住宅への提言をすすめていくことが望まれる。

第 9 節　災　害

（1）災害の多発と社会福祉

　わが国は災害が多く、地震、津波、火山の噴火、台風、洪水などさまざまな災害が繰り返されてきた。近代以降の非常に著名な災害だけみても、濃尾大地震（1891年）、明治三陸大津波（1896年）、桜島噴火（1914年）、関東大震災（1923年）、北丹後地震（1927年）、昭和三陸大津波（1933年）、室戸台風（1934年）、伊勢湾台風（1959年）、チリ地震津波（1960年）、雲仙普賢岳大火砕流（1991年）、阪神・淡路大地震（1995年）などがある。いずれも、おびただしい死傷者が発生し、かつ被災地域に壊滅的な打撃を与えた。そしていうまでもなく2011年 3 月11日には、東日本大震災が発生した。長期にわたる低温や雨不足による農作物の被害によって、農村が経済的打撃を受けることも、しばしばあった。最近は少なくなったが、かつては火災がたちまち延焼して大火になる

ことも珍しくなかった。

　これら災害は、多数の死者・行方不明者がいるばかりでなく、家屋をはじめとした財産や、田畑など生活基盤自体が失われてしまう。生活基盤を再建するには、かなりの費用と時間を要するので、たちまち困窮する。こうした一般的な生活困難への対処のほか、高齢者や障害者などがより深刻な被害を受けやすいなど、社会福祉にとっても密接に関連している。

　1995年1月17日に発生した、阪神・淡路大震災は、災害と福祉の関係を痛感させる出来事でもあった。阪神・淡路大震災前、しばらく大規模災害がなかったこともあって、防災対策が十分とはいえず、社会福祉対策としての災害対策は無策に近かったと批判されてもやむをえない。地震発生後、障害者、高齢者、病者への対応の不十分さがたちまち明確になったうえ、その後も後手の対応に終始することになってしまった。

　地震発生直後の混乱が一通りおさまっても、課題はなくならなかった。高齢者は、もともと住んでいた地域から遠く離れた避難住宅に住むことを余儀なくされ、孤独死が頻発した。住宅をはじめとする生活再建に着手しようにも、資金が乏しい人が少なくなかった。

　一方で、大半の社会福祉施設は強固に建設されていたため、建物などの被害は比較的少なく、震災後は被災者支援の拠点として機能した。社会福祉を整備しておくことが、災害時にも有益であることが明らかになった。

（2）災害救助と障害者・高齢者

　近年は、気象予報の正確化、各種防災設備の向上、災害を想定した

住宅や都市基盤の整備などの効果で、台風が通過したからといって、かつてのように100人、1,000人単位で死者が出ることは少なくなった。しかし、犠牲が皆無になったわけではなく、台風の通過や大雨があるたびに、何人かの犠牲者は後を絶たない。その大半が高齢者であることが特徴である。しかも、適切な対応がなされていれば、救助できたのではないかと思われるケースがある。

　災害には、地震のように突然発生するものもあるが、台風や大雨などは事前にある程度予測できる。予測された情報を的確に伝えることで被害をかなりの程度防止できる。実際に災害が発生した場合、ただちに避難し、救助が行われる。しかしそこでは、災害が発生したこと、どの程度危険があるか、どこにどのように避難するかといった情報がなければ、適切な避難はできない。歩行が困難な場合には、誰かの支援がなければ避難することができない。現に大雨が降り続いている場合など、状況によってはむしろ避難を見合わせたほうが安全な場合もある。消防など救助する側から見ると、どこに高齢者や障害者がいるのかという情報が入らないと的確に対処できない。

　障害者や高齢者には、常時の介護なしには生きることも難しい人がいる。災害発生直後は、どうしても医師、看護師らの対応ができない。せっかく災害発生直後に救助されても、その後に介護の不足から、命が危険になることもある。特に緊急性が高いのは、常時の介護を必要とする重い障害や疾病をかかえている人にただちに必要な対応をすること、人工透析など治療を継続しないと生命にかかわる人に医療の確保や医薬品の供給をすることである。

　避難所で当面の生活ができる程度の人であっても、避難生活が長期化すると避難所でのストレスが高くなる。感染症が発生しやすい環境では、何らかの疾病や生活困難が引き起こされる可能性が高い。

こうしたことへの対処は、起きてから考えたのでは手遅れである。災害発生前から予測して、訓練するなど防災の観点から取り組む必要がある。たとえば、あらかじめ地域で高齢者や障害者の存在を把握し、誰がどういう手順で救援するか、といったことを決めておくなどの対応が求められる。

（3）災害後の支援

　災害発生直後の緊急的な状況が去ったからといって、それで支援の課題がなくなるわけではない。これまで、震災のほか、伊豆大島や三宅島の噴火など、自宅外での避難生活が長期化するケースが少なくない。仮設住宅のような居住条件が良好でない住宅での生活を強いられる場合もあり、中長期的な課題は数多い。

　避難が長引くと、比較的軽い疾病や障害で短期的には何とか対応できた人でも、何らかの個別的な対応が必要になってくるであろう。また、避難所の生活のなかで重症化していくことも考えられる。あるいは、高齢でありつつも健康であった人が、疾病を発症することにもなる。避難にあたって、人間関係や社会との接点が失われる人もいる。そのため、精神的に不安定になったり、孤独死につながるケースもある。

　障害者や高齢者を中心に述べたが、それ以外の人についても、災害を契機に職を失う人、住宅を失う人、経営していた会社や商店が経営難になるなど、さまざまな課題が生じてくる。小中高生の場合、可能な限り早く通学を再開することが望ましいが、災害前と違う学校に通学せざるをえないなど、環境の変化が予測される。

　こうした個別的な問題に加え、一方で必要なのは、地域や街の復興、

産業の復興である。大規模災害の場合、地域全体が壊滅的な打撃を受けてしまう。道路などのインフラは、予算を投入して建設すれば、比較的短期間にもどすこともできるかもしれないが、いったん弱体化した街や地域を復興していくのは時間がかかってしまう。住民によってはやむなく他の場所に移住する人もいる。一時的な避難だったつもりでも、避難先に職を求め、住居を確保しているうちに、避難先に定住することにもなる。すると、被災地の人口が減少し、復興に必要な労働力が確保できなくなるといった事態が起きやすい。

　同じ場所で再度災害が発生する恐れもあるので、その対策も考えなければならない。地場産業にも打撃がある。いったん製品供給ができなくなると、供給を受けていた側は他所に注文することになり、長引くとそれが常態化して、もとに戻せなくなる。

　しかし、前向きに考えると、新たに地域づくりが可能にもなる。「復旧」ではなく「復興」と呼ぶのは、単に失われた部分を回復するだけでなく、新たな価値を見出していくからである。住みよい地域を創り出すためには、さまざまな立場からの参加・協力が必要となるが、社会福祉も、積極的な関わりが求められる。

（4）災害とボランティア

　災害が発生すると、被災者支援などを目的としたボランティア活動が展開される。1995年の阪神・淡路大震災では、全国からボランティアが駆けつけ活躍した。活動の様子が報じられるなかで、ボランティアの意義を国民が実感することとなった。ボランティア活動を活性化していくべきであるとの世論も高まり、1998年の特定非営利活動促進法制定のきっかけにもなった。

大規模災害においてボランティア活動がみられることは、阪神・淡路大震災に始まったことではない。1891年の濃尾大地震では、石井十次が多数の孤児を救済して岡山孤児院で養育し、やはり孤児救済を行った石井亮一は孤女学院を設立し、ここから滝乃川学園へとつながった。1923年の関東大震災では、賀川豊彦による支援活動をはじめとして、多数の活動がみられた。1959年の伊勢湾台風でもボランティアによる救援活動があった。しかも、一時的なボランティアにとどまらず、継続的な福祉活動へとつながっていったケースがいくつもある。

　災害発生直後の生命にかかわる救援は、危険を伴ううえ、専門的な力量が要請されるので、消防、警察、自衛隊などの災害対応の専門部署にまかせるほうが賢明である。しかし、緊急的な状況が緩和されると、生活再建が主な課題になる。そうなると、特殊な技能は必要ではなく、多数の人手が求められるので、ボランティアの活用が有効である。前述した介護者の確保も、医師・看護師など専門職の人たちは、どうしても緊急性の高い人を優先して活動するので、対応しきれない部分はボランティアによる支援が期待される。

　災害は突然発生するので、ボランティアの受け入れ態勢がすぐに整備されにくいという問題がある。ボランティアを必要としている側とボランティアを結びつける役割が求められるが、それをどこで誰がどう行うのか。あらかじめ整備しておかないと、せっかくボランティアを希望する人がいても活動できない。

　ボランティアの側は、善意の押し売りや自己満足に陥ることのないよう、被災者のニーズにそった支援を行う必要がある。ボランティアによる無計画な行動、たとえば食事や宿泊のあてがないまま来たといったことが、かえって復興の妨げになっているとの批判がある。

　また、災害発生直後は希望者が多くいるのであるが、時間が経過す

ると少なくなる。大規模災害の場合、仮設住宅での生活が数年続き、その後自宅に戻れたとしても、地域の状況が災害前と変化している。たとえば、友人が他所に住居を定めていなくなった、行きつけの店がなくなった、といったことがあるので、生活のリズムを戻すのに時間がかかる。特に高齢者は、そうした変化に適応することが容易でない。そのため長期的な支援が求められるので、ボランティアも長期にわたって確保すべき場合があることを忘れてはならない。

【参考文献】

遠藤洋二・中島修・家高将明編（2017）『災害ソーシャルワークの可能性　学生と教師が地域でみつけたソーシャルワークの魅力』中央法規出版

濱口桂一郎編（2013）『福祉と労働・雇用』ミネルヴァ書房

岩永理恵・卯月由香・木下武徳（2018）『生活保護と貧困対策―その可能性と未来を拓く』有斐閣

門田光司・富島喜揮・山下英三郎・山野則子編（2012）『スクール（学校）ソーシャルワーク論』中央法規出版

桐野高明（2014）『医療の選択』岩波新書

駒村康平（2014）『日本の年金』岩波新書

野口定久・外山義・武川正吾編（2011）『居住福祉学』有斐閣

新崎国広・立石宏昭編著（2006）『福祉教育のすすめ』ミネルヴァ書房

著者紹介

　杉山　博昭（すぎやま　ひろあき）

　1962年生れ。日本福祉大学大学院修士課程修了。
　特別養護老人ホーム、障害者作業所、宇部短期大学、長崎純心大学
　を経て、2008年よりノートルダム清心女子大学教授。

主　著

　『キリスト教福祉実践の史的展開』大学教育出版
　『近代社会事業の形成における地域的特質―山口県社会福祉の史的
　　考察―』時潮社
　『福祉に生きる　姫井伊介』大空社
　『「地方」の実践からみた日本キリスト教社会福祉』ミネルヴァ書房
　『近代における社会福祉の展開―山口県での実践の地域性』時潮社
　『渋沢栄一に学ぶ福祉の未来』青月社

社会福祉の原理を学ぶ

2021年3月15日　第1刷　　　定　価＝2800円＋税

著　　者　杉　山　博　昭　ⓒ
発　行　人　相　良　景　行
発　行　所　㈲　時　潮　社
　　　　　　174-0063　東京都板橋区前野町 4-62-15
　　　　　　電話 (03) 5915-9046
　　　　　　FAX (03) 5970-4030
　　　　　　郵便振替　00190-7-741179　時潮社
　　　　　　URL http://www.jichosha.jp
　　　　　　E-mail kikaku@jichosha.jp
印刷・相良整版印刷　製本・武蔵製本

乱丁本・落丁本はお取り替えします。
ISBN978-4-7888-0748-8

時潮社の本

近代における社会福祉の展開
——山口県での実践の地域性——
杉山博昭　著
A 5 判・上製・376頁・定価4500円（税別）

少子高齢化社会に急速に突入した日本社会。そして社会福祉を取り巻く状況は激しく変化し、厳しい現実は日々増し、「地域共生社会」などと実体を伴わない美名だけがあふれている。そうしたなか社会福祉はどこへ向かうのか。前例のない福祉の礎を築いてきた山口県での歩みをたどることにより未来を展望する。

近代社会事業の形成における地域的特質
山口県社会福祉の史的考察
杉山博昭　著
A 5 判・上製箱入り・384頁・定価4500円（税別）

日本における社会事業形成と展開の過程を山口県という地域において捉えた本書は数少ない地域社会福祉史研究である。著者は、先達の地道な実践と思想を学ぶことから、優れた社会福祉創造は始まると強調する。一番ヶ瀬康子推薦。日本社会福祉学会奨励賞作品。書評多数。

難病患者福祉の形成
膠原病系疾患患者を通して
堀内啓子　著
A 5 判・上製・222頁・定価3500円（税別）

膠原病など難病患者を暖かいまなざしで見つめ続けてきた著者が、難病患者運動の歴史と実践を振り返り、今日の難病対策の問題点を明確にし、今後の難病対策のあり方について整理し、新たな難病患者福祉形成の必要性を提起する。一番ヶ瀬康子推薦。『社会福祉研究』（07.7 、第99号）で書評。

少子高齢社会の家族・生活・福祉
高尾公矢・北川慶子・田畑洋一　編
A 5 判・並製・192頁・定価2800円（税別）

ますます進む少子化傾向をどうするのか。2005年には人口減に転じた日本で、家族・生活・福祉環境が急変しつつある。今後もこの傾向は長期化すると予測されている日本が世界に示せる筋道を模索し、福祉研究者が提言する。